TOCADOS POR DIOS

Un viaje del protestantismo al catolicismo

Sergio Gil Nebro
Evelien Louws

EDIBESA

© 2026 Sergio Gil Nebro y Evelien Louws

© SAN ESTEBAN EDITORIAL-EDIBESA 2026
Sede social y Ediciones:
Plaza Concilio de Trento, s/n. 37001 Salamanca
Tfn: 923 264 480
E-mail: info@sanestebaneditorial.com

Administración y comercialización
c/ Juan de Urbieta, 51. 28007 MADRID
E-mail: edibesa@edibesa.com
www. edibesa.com

ISBN: 978-84-19640-78-9

Depósito Legal: M-26924-2025

Diseño de cubierta: Helvética Edición y Diseño

Diseño y maquetación: Susana Folgado Hernández

Imprime: Estugraf

IMPRESO EN ESPAÑA –PRINTED IN SPAIN

Índice

PRÓLOGO

Si hay algo de lo que estamos convencidos es de que Dios es el autor de nuestra historia. Sí, es cierto, a menudo no la entendemos; continuamos en diversas áreas llenos de perplejidad, y no siempre logramos encajar el pasado con nuestro actual presente y, más aún, cuando de cara al futuro existen incertidumbres que nos visitan, que tratan de arrebatar nuestra paz. No obstante, ahora sí hay una luz al final del túnel. Hubo un tiempo en que no la veíamos. De esto quisiéramos testificar y escribir.

Como dijo Scarlett O'Hara en *Lo que el viento se llevó*: *"A Dios pongo por testigo que nunca volveré a pasar hambre"*. Y ciertamente, en la Eucaristía recibimos a Cristo mismo, verdadero alimento para nuestra alma.

Jesús dijo:

> *"Yo soy el pan de la vida. El que venga a mí, no tendrá hambre, y el que crea en mí, no tendrá nunca sed"* (Juan 6:35). *"Yo soy el pan vivo bajado del cielo. Si uno come de este pan vivará para siempre"* (Juan 6:51).

No obstante, lamentablemente, durante demasiados años vivimos en un contexto que se oponía a estas verdades esenciales, y aunque ahora nuestra conciencia es más cautiva de la Palabra de Dios de lo que lo fue jamás, reconocemos que el ir experimentando aquellas verdades en las que ahora creemos, será un proceso que deberá ir en aumento durante toda nuestra vida: verdades en cuanto a la Virgen María, la Iglesia, los Sacramentos, la Eucaristía especialmente, y algunas devociones, etc.

Después de un gran proceso de años, y tras haber sido recibidos en la Iglesia católica en el año 2024, decidimos poner por escrito, a modo de resumen, como testimonio y para la gloria de Dios, nuestra experiencia de conversión, así como algunas de nuestras luchas, y áreas en las que debemos ir avanzando. Pero retroceder, nunca más…

Firmes y adelante,
huestes de la fe,
sin temor alguno,
que Jesús nos ve.

No tenemos aires pretenciosos, esperando que este escrito sea un libro reconocido, ni un tratado de apologética católica, ni antiprotestante. Es más, damos gracias a Dios, por haberlo conocido a Él en el contexto donde lo hicimos, por lo mucho que aprendimos, y lejos de nosotros haber renunciado a nuestra antigua fe, ahora como católicos, damos testimonio de que estamos más bien avanzando hacia la plenitud de la misma.

Por lo que pedimos disculpas de antemano, si como fruto de nuestras experiencias y convicciones doctrinales, bíblicas e históricas, algún hermano protestante, pudiera sentirse ofendido. No es nuestra intención, sino más bien la de arrojar, aún en medio de nuestra torpeza y con la ayuda del Señor, un poco de luz.

Dios os bendiga a todos. Esperamos encontraros en el cielo, por la gracia de Jesucristo nuestro Señor.

Con amor en Cristo,
Sergio y Evelien

1
Regreso a Casa

"A mí, que antes fui un blasfemo, un perseguidor y un insolente. Pero encontré misericordia porque obré por ignorancia en mi infidelidad" (1 Timoteo 1:13).
"En cuanto a celo, perseguidor de la Iglesia; en cuanto a la justicia de la Ley, intachable. Pero lo que era para mí ganancia, lo he juzgado una pérdida a causa de Cristo.
Y más aún: juzgo que todo es pérdida ante la sublimidad del conocimiento de Cristo Jesús, mi Señor, por quien perdí todas las cosas, y las tengo por basura para ganar a Cristo" (Filipenses 3:6-8)

Si hace años me hubieran dicho que hoy yo sería católico, y no sólo gracias a mi bautismo que lo recibí en la Iglesia católica con un mes de vida; si me hubieran dicho que no sólo yo, sino junto con mi esposa e hijos, íbamos a ser recibidos en la plena comunión de la Iglesia católica, no sólo no lo habría creído, sino que ante la mera insinuación podría haber proferido alguna frase malsonante, y esto, parafraseando a aquel monje alemán, *"por causa de mi conciencia cautiva de la Palabra de Dios"*. Y claro está, si Dios y yo fuésemos más que la mayoría, bien habría tenido el derecho de despotricar, de llamar al arrepentimiento a diestra y a siniestra, e incluso de haber llamado a la Iglesia que Cristo fundó, la gran ramera. Dios nos librara de ser tan infieles e idólatras como los romanistas, o de dejarnos seducir por las hechicerías de aquella prostituta a la que Lutero denunció, o de buscar la intercesión de los santos; o lo que es peor, de rezar a la Virgen María, e irnos por ello al infierno de cabeza habiendo cometido el pecado imperdonable. ¿Y cuál era el pecado imperdonable para algunos protestantes? El ser católico.

Sí, es cierto. Tampoco es que yo pensara esto. De hecho, siempre, en el fondo de mi corazón, amé a la Iglesia en la que fui bautizado, y esta era la Iglesia católica. Y esta es una de las razones por las que nos quedamos a vivir en España trabajando además como misioneros: por amor a los católicos y a la Iglesia; para ayudarlos y sacarlos de su error; para que pudieran conocer el verdadero evangelio de la gracia anunciado por los reformadores. Hubiese sido mucho más sencillo para nosotros habernos quedado a vivir en Inglaterra, o incluso en Holanda, arropados por la iglesia reformada calvinista. Pero parece ser que no estábamos predestinados para ser calvinistas por siempre jamás.

¿Y a qué se debía entonces aquella relación con la Iglesia católica de amor y odio? En parte, a la influencia del fundador o los fundadores del protestantismo, con algunos escritos e insinuaciones extremadamente tóxicas.

Ahora bien, ¿por qué habríamos de contar nuestra propia historia a través de un escrito? Son ya tantos los sermones, libros y tratados que se han hecho sobre el protestantismo y el catolicismo, que dudo que pudiéramos aportar algo nuevo. No obstante, nuestra propia experiencia como verdaderos cristianos dentro del protestantismo, así como nuestra reciente adhesión a la Iglesia católica, me temo que merecen más que una justificación, una explicación. Digo esto porque, lejos de sentirnos con el deber moral de explicar las razones de nuestra conversión al catolicismo, como si de un delito se tratase, sí nos sentimos movidos a ello, en primer lugar, para la Gloria de Dios, y sólo después, para ayudar a tantos que, aun siendo verdaderos cristianos dentro de las iglesias evangélicas, han sido mal informados acerca de la verdadera naturaleza del catolicismo, o de cuáles son las bases inamovibles de la Fe de la Iglesia que Cristo fundó. Y por esta razón, reniegan de la Iglesia, no porque la odien verdaderamente, sino porque odian la falsa imagen que tienen de ella, una imagen totalmente distorsionada porque estudiaron solamente lo que algunos protestantes decían de ella, y no lo que verdaderamente la Iglesia cree y enseña, o aún más, lo que Dios mismo dice acerca de la Iglesia que Cristo, quien es Dios encarnado, fundó.

Y en último lugar, deseamos escribir acerca de nuestro testimonio de conversión a la fe católica, por causa de la confusión que percibimos en algunos católicos que han sido también mal informados acerca de lo que cree un evangélico; y debido a ello, pueden llegar a odiar el protestantismo, o en el otro extremo, buscar con ellos un grado de ecumenismo demasiado elevado que no es conforme a la enseñanza de la Iglesia católica. Esto suele darse por causa del relativismo y el modernismo imperante, que trata por todos los medios de introducirse incluso en la Iglesia que Cristo fundó, que es una, santa, católica y apostólica.

Cuando era evangélico conocí a muchos que venían del catolicismo y que abrazaron la fe de la llamada reforma protestante y que en parte lo hicieron por las malas experiencias que tuvieron en la Iglesia católica. También no son pocos los que abrazan la fe de la Iglesia católica hablando peste de los protestantes. Nosotros no haremos ni una cosa ni la otra. Consideramos, para la Gloria de Dios, que cuando éramos protestantes, tratamos de ser fieles discípulos de Cristo, aunque nunca llegáramos a esa medida. Y ahora que somos católicos, una de nuestras metas, sigue siendo la misma, seguir a Cristo fielmente como discípulos; pero eso sí, en la Iglesia que Él fundó.

Pero, ¿Por qué cambiar entonces? ¿Qué nos ha llevado a mi mujer y a mí, junto con nuestros hijos, al seno de la Iglesia católica? Algunos pensarán que el demonio, o que somos unos traidores. Yo mismo podría haber mantenido esta tesis en un pasado acerca de los que se acercaban al catolicismo: que algún mal espíritu los sedujo. Otra posibilidad sería, que meramente algunas de nuestras experiencias negativas como cristianos dentro del protestantismo, y desempeñando además una labor evangelizadora como misioneros y cooperando con diferentes organizaciones, fueron las que nos llevaron a la Iglesia católica. Esta no es la realidad. Al menos no solamente. No obstante, mi esposa Evelien y yo sí estamos convencidos de que nuestras experiencias al menos sí nos fueron de ayuda como impulso inicial, para comenzar a hacernos preguntas, a orar, a investigar, a leer...

En definitiva, nuestra certeza, y lo que trataremos de demostrar es que sólo Dios ha podido ser el autor de nuestra conversión al catolicismo. Y esto no porque no fuésemos cristianos antes, sino porque Dios anhela que los verdaderos cristianos, seamos perfeccionados, santificados, llegando a la plenitud de la gracia y de la verdad. Y hoy, manifestamos que, aunque sólo Cristo es la Verdad, la plenitud de la verdad que se encuentra sólo en Cristo, se manifiesta en el tiempo, precisamente a través de los medios y en la Iglesia que Él mismo fundó; y que esto, lejos de ser una contradicción con *"Cristo, Camino, Verdad y Vida"* es, más bien, una consecuencia lógica incluso del "Sólo Cristo" que tanto defienden nuestros hermanos separados, los protestantes.

Si alguien que en algunos momentos de su vida llegó a ser tan anticatólico ahora quisiera dar su vida por aquella Iglesia que una vez combatió, sólo existen tres posibilidades: O algún demonio nubló su entendimiento, o perdió definitivamente el poco juicio que le quedaba, o más bien, ha sido tocado por el dedo de Dios. Y esto último es lo que creo que ocurrió con nosotros.

Pido a Dios que no sólo nosotros sino el lector de nuestras torpes palabras, pueda llegar a responder por sí mismo, llegando a una conclusión sobre las posibilidades anteriores, y no porque deseemos defendernos de posibles ataques, o porque nuestra reputación estuviese en juego, sino por el bien de su propia alma. Pues una vez que la verdad es puesta delante de nuestros ojos, si se nos demuestra ser la verdad, es un asunto de vida o muerte, abrazarla o rechazarla.

Por lo tanto, bien podrías desestimar este escrito, o las razones que nos llevaron a la Iglesia católica, pero jamás podrás dejar a un lado las evidencias bíblicas, teológicas, históricas, lógicas y espirituales, que Dios podría poner delante de ti, si Él en su misericordia tiene el propósito de seducirte. Y Él nos sedujo con su verdad, y fuimos vencidos por su amor. *"Me has seducido, Yahveh, y me dejé seducir; me has agarrado y me has podido" (Jeremías 20:7).*

A pesar de nuestro de deseo de manifestar las razones que nos llevaron a la Iglesia católica, hoy por hoy, nuestras responsabilidades como padres recientes de dos hijos maravillosos no nos permitirían extendernos demasiado a través de ningún medio, así que en este escrito nos limitaremos a modo de pinceladas o a vista de pájaro, a resumir lo esencial de nuestra milagrosa e inesperada conversión a la fe católica.

Es necesario hacer énfasis en la palabra milagro, porque como dije, sólo Dios pudo ser el autor de nuestra conversión; e inesperada también, porque jamás nosotros lo habríamos planeado.

Pero para que se nos entienda mejor, haremos un breve resumen de nuestra propia historia.

2
La conversión de Evelien

Crecí en una familia numerosa. Tuve una infancia muy feliz gracias a mis padres y a mis hermanos. Mi padre fue agricultor, trabajaba mucho pero siempre tenía tiempo para nosotros. Me acuerdo leer el periódico con mi padre, haciéndole preguntas sobre lo que pasaba en el mundo. Aun siendo muy niña, yo tenía interés en estas cosas. No había más remedio. Los cristianos calvinistas en Holanda no ven la televisión.

Mi madre fue ama de casa. Con siete hijos tenía ya suficiente trabajo. Somos seis hermanas y un hermano. En mi casa había un ambiente de armonía donde la fe en Cristo y el ayudar a los demás, era lo más importante. Mi madre solía decirnos que teníamos que vivir sabiendo que nuestra ciudadanía está en los cielos. Íbamos a la iglesia dos veces los domingos. Fuimos miembros de una iglesia calvinista holandesa e hice mi confirmación en la misma iglesia a los veinte años.

A mis veintidós años decidí tomar un tiempo después de mis estudios y me fui a hacer un curso de inglés en Whitby, North Yorkshire. Nos alojamos en un edificio muy bonito que solía ser un monasterio. Había diferentes estudiantes de muchas nacionalidades. Y Dios quiso que justo allí conociera a Sergio, ¡el que al final iba a ser mi marido! Nos casamos en el año 2007 y me mudé a España para apoyarle en su trabajo, ya que él se estaba preparando para ser pastor y predicador de la iglesia evangélica reformada en España. Y yo iba a ser esposa y madre de una familia numerosa, igual que en mi casa.

Me quedé embarazada unos tres meses después de casarnos, pero perdimos el bebé, después de unos tres años perdimos otro, y los años pasaron, pero no llegaron los hijos. Entonces, parecía que, aunque esposa sí, de madre nada. Era difícil de digerir. Veía familias felices por todas partes, pero a mí me quedaba un cierto vacío que no sabría muy bien explicar.

Nuestra etapa como misioneros empezó en Málaga. Después nos trasladamos a Madrid, y tiempo después se nos abrió una puerta para estudiar en una escuela bíblica en Inglaterra. Allí aprendí mucho de la Biblia y de cómo escribir ensayos en inglés. El tiempo en Inglaterra nos llevó a Cuenca donde "oficialmente" íbamos a trabajar en una iglesia evangélica. Empezamos con ilusión, y los primeros meses fueron más o menos bien. Pero pronto uno descubre que el trato en general que reciben los misioneros en un contexto donde casi nadie se pone de acuerdo en nada, deja mucho que desear. Donde no hay un orden, ni un amo, ni se respeta los mismos estatutos de la congregación, no se puede esperar mucho.

El resultado es que cualquier persona se autoproclama obispo sin que nadie le haya elegido. Hay constantes desacuerdos y discusiones. El que no ha leído un libro en su vida de repente pretende saber más que nadie, el menos indicado hace el trabajo que no le corresponde, el que pone más dinero parece que tiene más poder de hacer y deshacer, el cotilleo y el chisme están a la orden del día. Una de las pocas cosas en las que sí hay consenso es en que los pobres católicos romanos están totalmente equivocados.

De todo esto se podría escribir un libro, pero lo cuento a modo de resumen, porque tanto tiempo en ese contexto me resultó difícil y me quemé; después de haber estado dieciséis años de mi vida intentado apoyar la predicación del evangelio. Caí en un estado de perplejidad sin entender nada, veía las promesas en la Biblia y parecían todas mentira. Incluso me planteé, aunque no muy seriamente, el ateísmo.

Sabía que Sergio estaba en aquel entonces leyendo unos libros de un tal Scott Hahn y sin conocerlo me enfadé con él porque lo estaba liando todo. Sergio leía libros y decía cosas raras. Pero como espiritualmente no me encontraba muy bien pensé, "Bueno a ver lo que es eso de Scott Hahn". Entonces Sergio me dio un libro con un título un tanto alarmante: "Rome Sweet Home", en español "Roma dulce Hogar". Lo leí, un poco a regañadientes, pero la verdad, después de mi experiencia me pareció bastante convincente.

Después de leer unos libros más decidimos ir a una iglesia católica al lado de casa, un edificio gris que habíamos pasado de largo un montón de veces, sin entrar, claro. Pero como ya no sabíamos dónde meternos, un domingo, a principios de mayo del 2022, respiramos hondo y decidimos entrar. Nos sentamos y me gustó mucho. Era bastante participativo. Me impresionaron las tres cruces antes de leer el evangelio. ¡Todavía no soy capaz de hacerlas bien!

Comenzamos a ir a Misa sin ser católicos porque una cosa es ir a Misa y otra era renunciar a toda nuestra vida. Sabía que, si de verdad íbamos a investigar en cuanto al catolicismo y hacernos católicos, íbamos a perderlo todo. Aunque yo tenía un trabajo como profesora de inglés, solo era un contrato de media jornada y no pagaban en verano. Sergio sí cometería un suicidio profesional de verdad, y pronto diríamos adiós al apoyo moral y material que estábamos recibiendo. Así fue. Nos hicimos católicos. Pero antes pasaron dos cosas inesperadas. Una muy buena y otra muy mala.

Llevábamos diecisiete años casados y los hijos nunca habían llegado. En 2023 recibimos una carta para hacer un curso de preparación para ser padres adoptivos. El curso lo haríamos en noviembre. Hacía años nos inscribimos para hacer una petición de adopción, pero no habíamos oído nada. Hicimos el curso y unas entrevistas. Esperamos unos meses, en los que tendríamos que ser declarados "aptos o no aptos". A finales de mayo de 2024 recibimos una llamada para decirnos que teníamos que ir rápido a los servicios sociales. Llegamos y, a la vez que nos declararon aptos, nos dieron la asignación de nuestros dos hijos.

Solo teníamos unos días para prepararlo todo. No tenía nada en casa, ni cunas, ni biberones, ni chupetes, ni ropa. Parecía todo un sueño. También mencionar que me conmovió tanta ayuda de amigos y familiares. Nos dieron un montón de cosas, tanto ropa como juguetes. Tantas cosas que no sabía muy bien dónde meterlas. El trastero se convirtió en un caos total.

El día 10 de junio teníamos previsto ir a por los niños con mucha ilusión, pero no fue así. Un día antes, el 9 de junio a las diez de la mañana, recibo una llamada de Mirjam, una de mis hermanas. "Ha pasado algo grave", me dijo. Pensé que quizás alguien había tenido un accidente y estaba grave en el hospital. Pero salí de dudas muy rápido. "Papá ya no está aquí, ha fallecido esta mañana".

No podía reaccionar, me quedé en estado de shock. ¿Cómo era posible? ¡Mi padre estaba bien de salud!

Así que en lugar de recoger a nuestros hijos nos fuimos a Holanda para el funeral de mi padre. ¡Era tan contradictorio! Por fin, después de tanto tiempo, íbamos a ser padres, ¿y nos venía esto? Hubiera querido que mi padre conociera a nuestros hijos, sus nietos. Le encantaban los niños. Pero se fue así, de repente, mientras dormía. No me había podido despedir de él. La última vez que le vi fue en el aeropuerto de Valencia unos meses antes.

Tuvimos que aplazar una semana la recogida de nuestros hijos. El diecisiete de junio, día de mi cumpleaños, llegaron a nuestro hogar. Yo estaba tan mal que no podía cuidar de ellos como quería. No me sentía capaz. Lloraba todo el día. Al principio Sergio tenía que hacer casi todo, y yo, poco a poco, me fui recuperando.

Todo el año 2024 fue muy impactante. De la nada, de pronto era madre, y de la nada me quedé sin padre.

Continuábamos yendo a Misa los domingos, y ahora además con nuestros dos hijos. La lucha interior continuaba, "¿hacerme católica o no?". Era bastante complicado. Por un lado, veía cada vez más claro que todo tenía sentido. Pero también nos aguardaba un futuro totalmente incierto: ¿qué diría mi familia?, ¿qué pasaría con los amigos?, ¿de qué íbamos a vivir? Con todas esas dudas, al final decidí que habría que actuar por fe, aunque en esta ocasión no sería la "sola fe".

Nos hicimos católicos el 28 de octubre de 2024, y nuestros hijos recibieron el bautismo el mismo día.

Después de ser recibidos en la iglesia seguimos con incertidumbres. En cierto sentido lo perdimos todo. Muchos amigos se fueron, Sergio aún sigue buscando un trabajo y no encuentra nada desde que cerramos en el año 2022 un local del que disponíamos para evangelizar. Su currículum no parece encajar. Sé que muchos familiares no entienden nuestro cambio. No es que me arrepienta, pero el proceso de sentirme católica no es tan fácil. Muchas cosas que hago no me salen de forma natural. Sé que María es nuestra Madre, pero sentirlo es otra cosa. Leí un libro acerca de María y me ayudó, *Dios te salve Reina y Madre*, también de Scott Hahn; pero que aquello que creemos con la mente baje al corazón es un camino largo, no es pulsar un botón. Me resulta difícil rezar a los santos. No me sale de forma natural hacer una genuflexión, o las tres cruces antes de leer el evangelio. Me cuesta entender las procesiones, las reliquias, o las indulgencias. Es como llegar a casa después de la Misa sabiendo que soy católica, sin realmente sentir que lo sea del todo. Me imagino que debe ser así porque no se pueden borrar más de cuarenta años de un plumazo. Así que nos encontramos en el proceso de poco a poco ir experimentando más, aquellas cosas que ya creemos.

¿Qué y quién entonces es lo que me ha hecho católica? Después de más de diecinueve años en España creo que puedo decir que debe ser Dios mismo. Dios que baja del cielo para habitar con nosotros en la Eucaristía. Es un misterio que no puedo entender, pero espero crecer en la fe en cuanto a ello. Cuando leí el libro *La Cena del Cordero,* de Scott Hahn me impresionó mucho y pude apreciar más la Misa, la liturgia, y especialmente la Eucaristía. Es un milagro, que tiene lugar todos los días en todas las partes del mundo.

"Jesús les dijo: «En verdad, en verdad os digo: si no coméis la carne del Hijo del hombre, y no bebéis su sangre, no tenéis vida en vosotros. El que come mi carne y bebe mi sangre, tiene vida eterna, y yo le resucitaré el último día. Porque mi carne es verdadera comida y mi sangre verdadera bebida. El que come mi carne y bebe mi sangre, permanece en mí, y yo en él. Lo mismo que el Padre, que vive, me ha enviado y yo vivo por el Padre, también el que me coma vivirá por mí. Este es el pan bajado del cielo; no como el que comieron vuestros padres, y murieron; el que coma este pan vivirá para siempre.»"

También puedo decir que soy católica porque al fin puedo sentirme parte de una familia en la fe, después de experimentar tantos años de soledad mientras apoyaba la labor misionera de mi marido, en un contexto en el que además nos sentíamos incomprendidos.

En resumen, reconozco que fue en parte nuestra experiencia en el protestantismo español la que me llevó en un principio a hacerme preguntas, a leer y orar, lo cual Dios fue usando poco a poco para guiarme a la iglesia que Cristo mismo fundó.

3
La conversión de Sergio

Nací en la España de los 70, concretamente en Málaga. Fui bautizado en la Iglesia católica, aunque mis padres no eran demasiado devotos o religiosos. Posiblemente fui bautizado por tradición. No obstante, puesto que el bautismo imprime carácter, las consecuencias de este Sacramento nunca me abandonaron, pues fui hecho, desde mi más tierna infancia, un hijo de Dios.

Meses después, mis padres esperaban a unos familiares en la entrada de una iglesia evangélica y un hombre llamado José Ríos predicaba el glorioso evangelio. Quedaron impactados, pues aún después de la vuelta de mis padres al catolicismo hace unos años, ellos siempre reconocieron, que su verdadera conversión a la fe cristiana, fue en aquel periodo evangélico.

Deseo hacer énfasis en esto, pues, así como Scott Hahn, quien fue pastor presbiteriano y su mujer Kimberly, antes de su conversión al catolicismo, se convirtieron a la fe cristiana en el contexto protestante, a mis padres, o a Evelien y a mí, nos ocurrió algo parecido.

De hecho, Evelien y yo, no hemos renunciado a nuestra antigua fe, porque estaba cimentada en Cristo Jesús y en su Palabra Santa; lo que sí hemos hecho, ahora como católicos, es avanzar en el conocimiento de la fe, y de los medios de gracia, así como de la naturaleza de la Iglesia, su unidad, y de los sacramentos, etc.

Por ello, es necesario que antes de que hablara de mi conversión a la fe católica, dijera algo acerca de mi conversión a Cristo.

Desde pequeño supe que Dios es amor, y que Cristo Jesús vino al mundo para salvar a los pecadores, pero fue después de mi adolescencia, cuando un gran vacío existencial se apoderó de mí, tras sentirme atado al pecado. Cristo, quien dijo: *"Y conoceréis la verdad, y la verdad os hará libres" (Juan 8:32)*, me liberó. ¿De qué forma? Mostrándome mis pecados, y después su amor.

Creí y sentí que por mis pecados merecía la muerte y el infierno, e igualmente creí y sentí que Cristo Jesús murió en una cruz, derramó su sangre, y resucitó para salvarme de mis pecados, de la muerte y del infierno, y para darme la libertad, el perdón y la vida eterna. De hecho, este es el resumen del evangelio.

"Porque tanto amó Dios al mundo que dio a su Hijo único, para que todo el que crea en él no perezca, sino que tenga vida eterna" (Juan 3:16).

Fue a mis diecinueve años más o menos la época de mi conversión, pero la historia no acaba aquí. Dios me llamó también a predicar el evangelio. Tuve desde el principio la certeza de que debía dedicar ahora mi vida a hablar a otros de lo que Cristo había hecho en mí. Y esto por una sencilla razón: En agradecimiento a Dios por haberme salvado, y para que Dios salvara a otros.

Diferentes iglesias y pastores comenzaron a invitarme a dar mi testimonio de conversión y a predicar. Tres años después, con veintitrés, fui a estudiar a un colegio bíblico en Inglaterra. Y allí me encontraba yo, precisamente el 11 de septiembre de año 2001, aquel fatídico día. Lo recuerdo como si fuese ayer. Las Torres Gemelas cayeron, en el mismo periodo que yo estaba también siendo derribado. Dios estaba abatiendo mi orgullo de joven predicador.

Confieso, pues, que aquel tiempo en Inglaterra fue para mí de mucha humillación. Los primeros meses no me podía comunicar bien. Mi inglés era pésimo y, aun así, tenía que escribir ensayos sobre diferentes asuntos teológicos, y leer incluso a algunos de los antiguos puritanos: a hombres como Jonathan Edwards, John Bunyan, John Owen, George Whitefield, o C.H. Spurgeon. Nunca podría olvidar aquellos ensayos sobre cada capítulo de la Epístola a los Romanos, y cómo en aquel entonces, leer al Dr. Martyn Lloyd-Jones me atrapaba y elevaba mi alma al cielo.

El curso acabó, y me pude graduar, aunque mis notas no fueron muy buenas. De hecho, el director, al percibir mi vocación, me propuso volver en un futuro a hacer el mismo curso otra vez, pero acompañado de la que fuese mi esposa. Pero, ¿quién sería mi esposa? ¿Volvería yo a estudiar allí y acompañado de mi mujer? Aquella propuesta no me pareció muy habitual. Dios tenía un plan, y Él lo llevaría a cabo, conforme a los perfectos designios de su providencia.

En el año 2002 volví a Inglaterra a mejorar mi inglés, con la expectativa de cursar más estudios teológicos en un futuro próximo. Y fue en aquella hermosa ciudad de Whitby, donde Dios estaba preparando el mejor regalo que iba a recibir en mi vida después de mi salvación en Cristo, el conocer a la que cinco años después sería mi esposa, amiga y compañera, y madre de nuestros dos futuros hijos maravillosos. Os hablo por supuesto, de Evelien Louws, una chica preciosa, y además cristiana y reformada como yo lo era. No se podía pedir más.

Si la predestinación era una doctrina bíblica, tal como la definió Juan Calvino —el fundador de las iglesias reformadas— entonces, el habernos conocido aquel año y en aquel lugar, tuvo que estar de alguna forma predestinado, preparado por Dios, conforme a su voluntad y según los designios de su providencia. Y esto, es algo que aún mantenemos como católicos, la certeza de saber que Dios fue quien nos unió.

Si tuviese que seguir resumiendo diferentes episodios de nuestra vida, como amigos, después novios, matrimonio, y años de trabajo misionero en la labor de proclamación del evangelio, cooperando con diferentes organizaciones, y en relación íntima con la iglesia reformada (la que es una de las tantas ramas del protestantismo), podríamos escribir, no un artículo, ni siquiera un libro, sino cientos de páginas interminables, sobre tiempos maravillosos, de *sonrisas y lágrimas,* tiempos de paz, pero también de duras pruebas, en las que todas ellas, el Señor nos sostuvo.

Por otro lado, no quisiera dar una imagen demasiado crítica de nuestra etapa como protestantes, ni mucho menos de tantos hermanos muy queridos, pastores, amigos y misioneros, porque fueron los medios que el Señor usó, y no otros, para que conociéramos el amor de Dios manifestado en Jesucristo, y porque aquellos años formaron parte del plan de Dios en su providencia.

No obstante, sí nos vemos en la necesidad de resumir algunos aspectos que podrían ayudar a entender el por qué años después abrazaríamos la fe católica, ya que en un principio, creímos que Dios nos llamaba como misioneros a vivir y a trabajar en España –como escribí anteriormente– precisamente porque el catolicismo era a nuestro modo de entender, una especie de paganismo disfrazado de cristianismo, o de cristianismo paganizado desde los tiempos de Constantino, hasta que por fin, siglos después, Dios levantó a Lutero y a sus amigos, creíamos, para dar un puñetazo en la mesa, para poner orden, y para arrojar luz en medio del caos.

Hoy entendemos que todas estas tesis protestantes no se sostienen bíblica, histórica, ni teológicamente. Por supuesto que en la iglesia hubo crisis, y la hay, y que en la época de Lutero nos encontramos con el abuso de las indulgencias, y otros episodios lamentables, no lo negamos; pero una verdadera reforma debe darse desde dentro, y no lanzando piedras desde fuera. Así de sencillo.

Hace algunos años, tomando un café con un sacerdote, me dijo algunas cosas que en un principio me hicieron sentir incómodo, porque sacudieron los cimientos de mi fe protestante. Me dijo: "Si descubriéramos que nuestra madre es una borracha, no la arrojaríamos por la ventana. Más bien, la cuidaríamos, y trataríamos de ayudarla". Hablamos de muchas más cosas.

Si leemos los escritos de Martín Lutero, y leyéramos a su vez a san Ignacio de Loyola, san Francisco de Asís, san Juan de la Cruz, santa Teresa de Jesús, y a tantos otros santos que han adornado la Iglesia de Dios, vemos una gran diferencia. Tardé mucho en darme cuenta, pero es algo que resalta desde el principio. Muchísimos escritos de Lutero están llenos de odio. Así de claro. Pero un santo, en cambio, escribirá como alguien que ama a la

Iglesia y se preocupa por ella, y por ello, desde dentro, y no profiriendo insultos desde fuera, tratará de poner un granito de arena en medio del caos, en caso de haberlo.

Confieso que no me agrada mucho escribir sobre estos conflictos históricos y teológicos, que en muchas ocasiones tenían más que ver con conflictos personales, con el orgullo o la ley del más fuerte. Triste y muy lamentable, porque por lo general, en el mundo, los no creyentes no leen demasiado la Biblia, sino que leen a los cristianos, y por ello, nuestras vidas debieran ser un fiel reflejo del evangelio que profesamos, y de la unidad de la Iglesia que Cristo fundó. Y esta es una de las razones por las que el cisma no debiera ser una alternativa ante la crisis, ni siquiera una respuesta ante el caos o la corrupción en el caso de haberla. No arrojaremos a nuestra madre por la ventana, sino que seguiremos el ejemplo del buen samaritano, quien se compadeció de aquel hombre herido que encontró en el camino, y lo cuidó.

> *"Para que todos sean uno. Como tú, Padre, en mí, y yo en ti, que ellos también sean uno en nosotros, para que el mundo crea que tú me has enviado" (Juan 17:21).*

Volvemos ahora a lo más personal, a dos episodios muy tristes de nuestra vida, y que cuando ocurrieron no pudimos encajarlos, y aunque no siempre hemos sido conscientes de ello, esta ha sido una herida que como matrimonio nos ha acompañado durante diecisiete años, en el silencio, en cada época, como una sombra que no terminaba de pasar, y de la que a menudo, ni siquiera hablábamos, para que no creciera. Pero ahí estaba, persiguiéndonos, no dejándonos, acompañándonos.

A los pocos meses de casarnos, esperábamos a nuestro primer hijo. Hablamos de finales del año 2007. Durante los primeros meses de embarazo, lo perdimos. Tristeza. Dos años después, a principios del 2009 esperábamos a nuestro segundo hijo. Lo perdimos igualmente. Gran dolor y lágrimas.

Leemos en la Palabra de Dios: *"Por lo demás, sabemos que en todas las cosas interviene Dios para bien de los que le aman" (Romanos 8:28).* Pero seamos honestos, este es el típico versículo que se cita en entierros, y que se usa para dar ánimos a alguien que está al borde del abismo o la desesperación, pero en la práctica y en la experiencia, en el fondo de nuestro corazón, a menudo hemos podido pensar: "Vale, suena muy bien. Me puede consolar temporalmente, pero nunca entenderé lo que me ocurrió, ni podré aceptarlo jamás".

Queridos hermanos y amigos, en el nombre de Evelien y el mío propio, hoy, con el corazón en la mano, proclamamos para la Gloria de Dios, que no sólo entendemos por qué el Señor se llevó a nuestros hijos, sino que incluso damos las gracias por ello, pues no cambiaríamos a nuestros dos amados hijos adoptivos, ni por aquellos dos hijos nuestros biológicos que perdimos, ni por ningún otro tesoro que este mundo pudiera ofrecernos. Porque nuestros dos hijos son hijos nacidos del corazón de Dios, adoptados, como nosotros hemos sido adoptados en Cristo Jesús, y como el mismo san José en un sentido, adoptó a Jesús, nacido de Santa María Virgen, y concebido por obra y gracia del Espíritu Santo.

De haber tenido desde un principio a nuestros hijos biológicos a nuestro lado, probablemente nunca habríamos pensado en adoptar, y esto es algo que no podríamos aceptar ni encajar hoy en día. Por lo que esperamos poder contar a nuestros hijos esta historia algún día, o esperar que ellos mismos puedan leer estas palabras que han quedado por escrito.

Sé que alguno se estará preguntando: "Bien, muy bonito. Pero, ¿qué tiene que ver esto con las razones por las que ahora sois católicos?" Lo tiene que ver todo. Dios cumplió con su parte, nosotros debíamos rendirnos ante él, y cumplir con la nuestra. ¿A qué nos referimos? Responderemos a esto después.

Trataré de resumirlo. Hace unos años, después de algunas crisis experimentadas en el protestantismo, así como de mucha soledad en la labor misionera y de diversas pruebas, comenzamos a visitar algunos eventos católicos de Familia y Vida, así como paellas en la Parroquia de San Fernando. Pero por supuesto, a la Misa no entrábamos, nos quedábamos sólo a comer, pues nos habían enseñado que una Misa era uno de los mayores sacrilegios que se podían cometer en el planeta tierra.

Algunos de los llamados reformadores tienen algunos párrafos muy tóxicos acerca del sacrificio de la Misa. Dicen que es crucificar a Cristo una y otra vez, y que la Misa hace nulo el sacrificio único y suficiente de Cristo, el cual es irrepetible, etc.

Ahora bien, la Misa no es otro sacrificio, sino el mismo, el cual se nos presenta ante nuestros ojos. El mismo sacrificio de Cristo en la cruz, el cual es suficiente e irrepetible, es el de la Santa Misa. El sacrificio del Gólgota es renovado, incluso representado, actualizado, y en cada Misa, tiene lugar lo que ocurrió en la cruz del Calvario hace dos mil años.

Evelien creo que lo cuenta mejor con sus palabras, como leímos anteriormente en su testimonio, y sin dar tantas vueltas como yo. Yo cometí el gravísimo error, como protestante, de leer a Scott Hahn, quien fue pastor presbiteriano, el cual, junto con su esposa Kimberly, escribieron su testimonio de conversión al catolicismo en *Roma dulce Hogar,* y donde Scott también explica el verdadero significado de la Misa a través del libro de Apocalipsis, en su libro La Cena del Cordero. Estos dos libros son una joya que debieran leer tanto protestantes como católicos.

Su testimonio, así como sus razones, nos sedujeron, y poco a poco fueron convenciéndonos. Dije que Evelien lo cuenta mejor, porque en un principio ella da testimonio de que se enfadó incluso con Scott Hahn, e interiormente yo también, porque cuando todos sus argumentos fueron puestos delante de nosotros, ya no había razón para seguir siendo protestantes. Debíamos ahora juntos cometer el pecado imperdonable al que nos referimos al principio de este escrito: hacernos católicos.

Ciertamente, esto es lo último que un calvinista genuino habría planeado hacer. Antes preferirían cometerse otros pecados de la carne, incluso algunos escandalosos, que volver a crucificar a Cristo en el sacrificio del altar. Sería como planear un suicidio y esto era inadmisible. Aunque por otro lado si como calvinistas creíamos en la predestinación de todos los acontecimientos habidos y por haber, ¿cómo podíamos estar seguros después de haber leído a Scott Hahn que Dios había predestinado que siguiéremos siendo calvinistas? ¿Podría en cambio el Dios calvinista haber predestinado que nos hiciéramos católicos como predestinó a Scott y a su esposa Kimberly? Me temo que sí.

No obstante, la decisión la dejamos más bien en las manos del Señor, y por ello, usamos en aquel entonces un versículo de la Biblia de forma literal para que si nos hacíamos católicos nosotros no tuviésemos la culpa, sino Dios. Dice así: *"Los dados se tiran sobre el tablero, pero su sentencia depende de Yahvé" (Proverbios 16:33).*

Nos encontramos en marzo de 2022. Ya habíamos leído algunos libros católicos, y aunque comenzábamos a tener ciertas convicciones, dar marcha atrás al protestantismo tampoco era tan fácil. Más difícil aún era hacernos católicos pues, aunque nuestras últimas experiencias dentro del protestantismo y además dedicados a la obra misionera, no fueron muy positivas, aun así, toda nuestra vida había girado en torno a una forma de cristianismo antagónica al catolicismo en algunas prácticas y doctrinas, y arrojar todo eso por la ventana de un plumazo, a nivel emocional, no era tan fácil. Así que experimentamos serias dudas, y yo me vi inmerso en un periodo de crisis durante unos dos años, que por supuesto, a Evelien también afectó.

Por otro lado, era tal nuestra necesidad de congregarnos con otros cristianos que usamos el versículo anteriormente citado para lanzar unos dados y que Dios tomara la decisión, aunque, eso sí, después de haber orado. Así que tomamos un papel, escribimos el nombre de cuatro iglesias de Cuenca, tres de ellas evangélicas, y la otra católica. En los siguientes cuatro domingos, las visitaríamos, una por cada día. Pero, ¿en qué orden lo haríamos? Tiramos los dados, y el número nos dirigió a una congregación evangélica de coreanos. Por supuesto, no tenemos nada en contra de los coreanos, pero después de visitarlos pensamos "que iba a ser que no". Al siguiente domingo, los dados nos guiaron a la Parroquia de San

Román, así que fuimos a regañadientes, a ver con qué tipo de ritos nos encontraríamos. Lo cierto es que nos sentimos bien, aunque no sentíamos aún que Roma fuese nuestro dulce hogar.

Siendo sinceros, al principio eso de "levántate" y "siéntate" cada dos por tres no lo entendíamos. Y la razón es porque a una iglesia calvinista llegabas, te sentabas durante una hora y media y escuchabas un sermón de cincuenta minutos. Después te levantabas y salías. Entonces, siendo honestos, lo que más nos gustó es que en treinta minutos ya estábamos listos, y que la homilía no llegó ni a los diez minutos. Así que tampoco sería tan difícil guardar el precepto.

Entiendo que este tono puede sonar un poco a broma, pero lo escribo así, a conciencia, para caricaturizar las diferencias entre protestantes y católicos, y que al menos se entienda que el cambio es tal, que si verdaderamente éramos cristianos dentro del protestantismo, como estoy seguro de que lo éramos, entonces para hacernos católicos, si realmente queríamos ser fieles a Dios y a nuestras conciencias, no sería suficiente con leer un par de libros y visitar varias misas; pues aunque es cierto que las convicciones católicas iban creciendo, los prejuicios protestantes no desaparecieron de la noche a la mañana. Sin un milagro sobrenatural no había nada que hacer. Un pequeño empuje del libre albedrío no podría servir en casos como estos. Necesitábamos la *gracia irresistible* o un *llamamiento eficaz* de parte de Dios, usando terminología calvinista.

En febrero de aquel mismo año 2022, por diversas razones, y una de ellas, era los motivos de conciencia, decidimos escribir una carta a la organización con la que trabajábamos y dejar tanto el local de reuniones del que disponíamos para invitar a gente, como la labor evangelizadora por las calles. Si debíamos continuar predicando el evangelio, primero era necesario llegar a una conclusión ineludible de qué doctrinas eran ciertas, y de qué Iglesia fundó Jesucristo, si es que fundó alguna. Y no podíamos seguir cooperando en conciencia con aquella organización, porque estaba además orientada a ayudar a los católicos para que conocieran las doctrinas de la reforma protestante, y en su consecuencia, dejaran la Iglesia para unirse a ellos. Y nosotros ya no creíamos en dicha causa ni en las supuestas razones que había para pretender tal cosa. Así que les escribimos, y en su consecuencia, perdimos amigos, mi trabajo, y la ayuda material que nos daban. Casi nada.

Dios dice:

"Porque a los que me honran, yo les honro" *(2 Samuel 2:30)*. Y sólo Dios es nuestra única esperanza.

¿Y cuándo y de qué forma Dios cumpliría esta promesa? Tendrían que pasar dos años para que después de diversas pruebas viéramos, no sólo la luz al final del túnel, sino mucho más de lo que nuestra mente hubiera imaginado jamás.

En el verano de 2023 recibimos una carta de los servicios sociales respondiendo a una petición de adopción que presentamos en el año 2016. Nos preguntaron si queríamos seguir adelante, y dijimos que sí. Muy pronto, nos volvieron a escribir y nos citaron para un curso sobre la adopción que duraría varias semanas y que terminaría antes de que acabara el año.

Lo que nunca habríamos imaginado es lo que después ocurriría, y de qué forma Dios cumpliría su promesa de honrar a los que le honran. Y mucho menos habríamos imaginado, cuando perdimos a nuestros dos hijos biológicos, el milagro que Dios iba a llevar a cabo unos quince años después.

En mayo de 2024 recibimos una llamada inesperada tras tomarnos un café y unos churros con un antiguo amigo en la plaza de Espliego. Eran los servicios de adopción. Teníamos que visitarlos de forma urgente, nos dijeron.

Tras haber hecho el curso, y teniendo en cuenta que llevábamos desde 2016 esperando, después de ocho años, no imaginábamos que Dios abriría de esa forma las ventanas de los cielos.

¿Qué fue lo que Dios hizo? Un doble milagro fulminante, tanto en nuestras circunstancias como en nuestro corazón.

Es cierto que desde hace tiempo ya no creíamos en algunos de los dogmas protestantes –los cuales descubrimos que en el siglo XVI fueron un *novum teológico,* novedades que la Iglesia nunca había creído por 1500 años–. Dogmas como *Sola Scriptura* (sólo la Escritura) y Sola Fide (sólo la fe), fueron las columnas de la reforma protestante, sin que hubiera para ello base sólida, ni bíblica, ni teológica, ni histórica.

Por otro lado, ya creíamos y entendíamos que para que pudiéramos tener certezas y evitar el caos de las miles de denominaciones protestantes creyendo dogmas diferentes, necesitábamos tres fuentes por medio de las cuales Dios mostraba a su Iglesia –y al mundo a través de ella– cuál era la verdad; es decir, la revelación divina. Por ello, Dios nos había dejado las Sagradas Escrituras, el Magisterio, y la Tradición. En definitiva, Dios nos había dejado su Iglesia, la cual fue fundada hace 2000 años por Jesucristo, y no hace 500 años por Lutero. Pero no bastaba con rechazar el error y creer en la plenitud de la verdad conforme a la revelación de Dios. Necesitábamos que estas cosas fuesen bajando a nuestro corazón y que el Señor quitara todo impedimento, ya fuese moral, emocional o espiritual, para que pudiéramos con limpia conciencia y como matrimonio, dar el paso que debíamos dar.

Nunca debemos actuar contra nuestra conciencia, aunque también es cierto que la conciencia debe estar bien formada, de no ser así, podemos terminar diciendo que nuestra conciencia es cautiva de la Palabra de Dios, cuando más bien estaríamos diciendo que nuestra conciencia es cautiva de nuestra interpretación privada de la Biblia, como le ocurrió a aquel fraile alemán.

Aunque en nuestro proceso de conversión a la fe católica, Evelien y yo fuimos en un principio a ritmos diferentes, llegamos a la conclusión de que para dar juntos un paso definitivo como matrimonio y familia, necesitábamos una confirmación final de parte de Dios para ser recibidos en la plena comunión de la Iglesia católica, ya que previamente sí se habían dado algunos pasos necesarios.

Cuando terminamos, como decía, el café con churros con nuestro amigo, tuvimos aquella llamada inesperada y urgente de los servicios de adopción. Debíamos ir a visitarlos de forma inmediata.

Aquella misma mañana habíamos recibido un paquete. Era una Biblia católica que se llama *Didajé*. La recomiendo. Tiene comentarios del Catecismo y de los Padres de la Iglesia. Tras la visita a los servicios de adopción, la abrí y comencé a leerla. ¿Pero qué ocurrió en aquella visita? ¿Qué querían? ¿Qué nos dijeron?

Al llegar, sin más dilación, nos hablaron de los que serían nuestros hijos adoptivos. Y nos preguntaron que si aceptábamos la asignación. Por supuesto que sí. No hacía falta preguntarlo. Firmamos.

Fue Dios quien los escogió desde antes de la fundación del mundo, mucho antes de que perdiéramos a nuestros dos hijos biológicos. No obstante, los tiempos de dolor y lágrimas no habían terminado. Estaban a punto de intensificarse al máximo, así como nuestra alegría por la llegada de nuestros hijos.

Llegó el 9 de junio del año 2024. Una inmensa paz y felicidad nos acompañan mientras proseguimos con todos los preparativos necesarios en nuestro nuevo hogar: cunas, pañales, ropita de bebé, la nueva habitación recién pintada… un ritmo frenético en todo. Tras ocho años de espera, de pronto, no nos daban más de ocho días para reajustar toda nuestra vida. Llevamos una semana sin parar, casi sin dormir. Muchas emociones. Incluso amigos muy cercanos estaban preocupados. No atendemos a llamadas de ningún tipo. No había tiempo. Y sólo respondíamos al teléfono en caso de necesidad urgente.

Eran las 9:49 de la mañana. Habíamos quedado con unos amigos para que nos diesen las sillitas de los niños para el coche, pues las tenían ellos en su casa. Bajarían y nos ayudarían a ponerlas, pues al día siguiente nos disponíamos a hacer un viaje cuyo destino será la felicidad, nuestros hijos, una nueva vida.

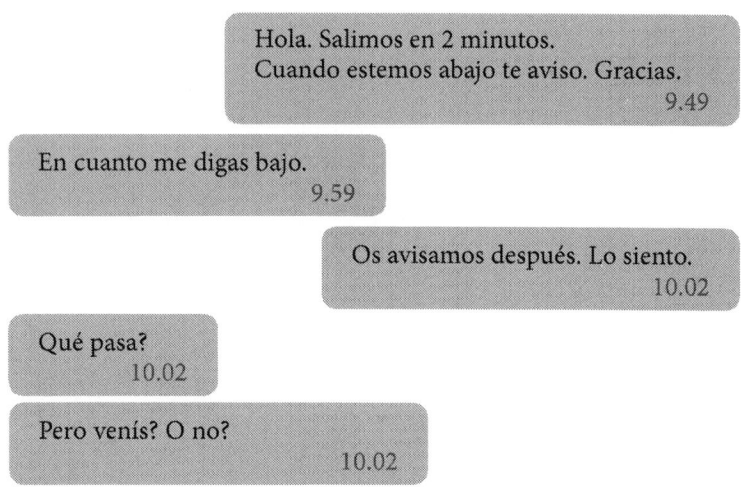

Hola. Salimos en 2 minutos.
Cuando estemos abajo te aviso. Gracias.
9.49

En cuanto me digas bajo.
9.59

Os avisamos después. Lo siento.
10.02

Qué pasa?
10.02

Pero venís? O no?
10.02

Aparcados en la puerta de nuestros amigos, nos sonó el teléfono. Era una llamada de Holanda. No solían llamar a esa hora. Era el horario de la iglesia allí, y lo normal era estar ya en la reunión, o preparándose para salir. Era Mirjam. La hermana de Evelien. La miré. Su rostro había cambiado. No pronunciaba ninguna palabra. No lo necesité para saber qué había ocurrido.

No, lo siento. Hablamos más tarde.
Nos han llamado desde Holanda, ha ocurrido algo serio. Ahora no podemos hablar.
10.09

Ok.
10.09

Pasamos treinta minutos prácticamente sin hablar. Abracé a Evelien. No paraba de llorar. Sabía lo que había ocurrido antes de que me lo dijera. No necesité oírlo para saberlo. Fue su papá.

> Acabamos de recibir la noticia de que el papá de Evelien ha partido. Creemos que está con el Señor. Agradecemos vuestras oraciones.
>
> 10.50

Uno de los mejores días de nuestra vida, de pronto, se había convertido en el peor. Una inmensa nube gris nos cubrió. Sin palabras. Desesperación…

Desde que os vi
supe que daría mi vida
por veros sonreír.
Cuando aquella puerta se abrió
en aquel instante mi corazón gritó:
'quiero veros feliz'.

Un segundo nada más
necesité para saber
que ya no podría vivir
sin vosotros dos;
que no podría dormir
sin veros feliz.
Ahora sé que nunca podríamos vivir
sin veros feliz,
ahora conocemos qué es el amor,
al saber que no podríamos vivir
sin vosotros dos, sin vosotros dos.

Cuando casi os teníamos en los brazos
una nube gris nos cubrió
el corazón de lágrimas,
el alma de desesperación.

Por un instante pensé:
'¿Dónde está Dios?'
que todo fue sólo un sueño,
que nunca más volvería a veros,
que viviría si es que pudiera,
sin vosotros dos, sin vosotros dos.

Pero ahora he despertado
con vuestra imagen viva a nuestro lado,
e iré a buscaros, para nunca dejaros,
para siempre amaros.

Porque ahora sé que nunca podríamos vivir
sin veros feliz,
porque ahora conocemos qué es el amor,
al saber que no podríamos vivir
sin vosotros dos, sin vosotros dos.

Aquella semana en Holanda fue de profunda tristeza y a su vez de esperanza viva en Cristo Jesús. La despedida del papá de Evelien fue, más bien, un hasta pronto, hasta que volviéramos a encontrarnos con él y con todos los que hayan sido lavados con la sangre del Cordero.

¿Qué significado pudo tener la muerte del papá de Evelien en tiempos de tanta felicidad? Pues, aunque creamos que ahora está más vivo que nunca en la presencia de Dios, de alguna forma, sigue siendo una pérdida para los que permanecemos aquí.

Jacob Louws no tuvo la oportunidad ni siquiera de conocer a sus nietos. No obstante, él sí ha podido conocer a sus otros dos nietos que están en el cielo, los que perdimos en los años 2007 y 2009; los que murieron; los que nosotros no pudimos conocer, ni abrazar. Todo debe tener un significado. Fue san Agustín el que dijo algo así. *"Si Dios permite que cosas malas ocurran, es tan sólo porque de lo malo puede sacar algo bueno"*. Y sí, es cierto que nuestro Señor Jesucristo padeció bajo el poder de Poncio Pilato, fue crucificado, muerto y sepultado. De hecho, no ha habido acontecimiento más injusto en este mundo, que el hecho de que Jesús fuese condenado a morir en la cruz. No obstante, leemos en la Palabra de Dios: *"Quien fue entregado por nuestros pecados, y fue resucitado para nuestra justificación" (Romanos 4:25). "Pues también Cristo, para llevarnos a Dios, murió una sola vez por los pecados, el justo por los injustos, muerto en la carne, vivificado en el espíritu" (1 Pedro 3:18).*

Por lo tanto, la partida de mi suegro Jacob Louws, a pesar de que fue un acontecimiento tan doloroso en un momento de tanta felicidad, tuvo que tener un significado más profundo que trasciende a nuestro entendimiento y experiencia presente; y por ello tenemos la certeza de que finalmente todas las piezas del puzle encajarán. Así como tuvimos que esperar unos diecisiete años para entender por qué Dios se llevó a nuestros dos hijos biológicos; y ahora creemos que esto fue porque desde la eternidad, ya estaba el Señor preparando a nuestros dos hijos para nosotros. Además, aunque pueda sonar un poco a broma, nuestros dos hijos biológicos habrían sido protestantes, mientras que ahora nuestros hijos son católicos, y hechos hijos de Dios por medio del Bautismo.

17 de junio del año 2024. El cumpleaños de Evelien. Sé que mi esposa debía ser recompensada de parte de Dios por la pérdida de su padre y que, tarde o temprano, todas las pruebas padecidas en nuestros años como protestantes reformados y misioneros debían tener un significado. Concretamente, ella padeció también en los últimos dos años debido al estado de depresión espiritual en que yo me encontraba, pues sentí que había perdido gran parte de lo que había sido nuestro proyecto de vida, vocación, apoyo ministerial, local de reuniones, incluso el poder para predicar u orar. Casi no podía leer las Escrituras. Una gran nube gris permitida por Dios, me cubrió. Y aunque fue la etapa más dolorosa de toda mi vida, el Señor la había preparado para mí por causa de su misericordia. En un sentido, aquella fue mi noche oscura, también necesaria para la purificación de mi alma. Y aunque usé diferentes medios para mi sanación, ninguno pudo realmente traer el consuelo y la paz necesaria, el descanso que sólo Cristo puede otorgar a un alma sedienta de Dios. No obstante, mientras tanto, mi amada esposa, sufría a mi lado. Esta fue nuestra noche oscura.

Anteriormente me referí a aquella mañana de mayo tomando churros con un amigo. Evelien y yo paseábamos después del desayuno. Recibimos la llamada de los servicios de adopción, y tras llegar a casa después de que nos hablaran de los que iban a ser nuestros hijos, abrí la Biblia que había recibido y comencé a leer:

> *"El Señor dijo a Noé: 'Entra en el arca con toda tu familia'. 'Noé hizo todo lo que el Señor le mandó'. 'Noé entró en el arca con sus hijos, su mujer...'"* *(Génesis 7:1,5,7).*

Aquellos versículos me golpearon con fuerza de parte de Dios. Debíamos tomar una decisión definitiva delante de Señor, en una dirección o en otra. Debíamos seguir el ejemplo de la Virgen María, la criatura que de forma más perfecta fue modelo de rendición plena a la voluntad de Dios.

"Dijo María: 'He aquí la esclava del Señor; hágase en mí según tu palabra'" (Lucas 1:38).

No era posible que Dios nos estuviese llamando de forma tan clara a ser recibidos en la Iglesia católica. El llamamiento era demasiado contundente, milagroso, evidente y fulminante como para poder ponerlo en duda.

Leemos en los comentarios de la Biblia *Didajé* al texto citado de Génesis:

> *"Desde antiguo, el arca de Noé se ha entendido como representación de la Iglesia que resiste todas las adversidades y salva a los que entran en ella por la fe. San Agustín identificó otras figuras que aparecen en la historia: los viajes del Arca sobre las aguas representan la peregrinación terrena del pueblo de Dios; la madera del Arca que salvó a la familia de Noé, prefigura la de la Cruz, instrumento de nuestra salvación; y la puerta lateral del arca significa la herida en el costado de Cristo, abierta por la lanza de un centurión romano mientras estuvo clavado en la cruz"* (San Agustín, La Ciudad de Dios, XV, 26).

Evelien y yo hablamos. Oramos al Señor, y Dios nos habló a los dos en la misma dirección, porque como matrimonio somos una sola carne, y entendíamos que, si algo de esta importancia venía realmente de Dios, los dos lo veríamos con claridad; y esto, en honestidad a la revelación divina, por amor a Dios, a nuestra propia alma, y ahora también, por amor a nuestros hijos, ya que deseábamos para ellos lo mejor; y esto es, que fuesen católicos.

Cuando escribo que lo vimos claro no quiero decir que para nosotros todo este proceso fuese fácil. Intuimos, además, que muchos de nuestros hermanos católicos no son conscientes de hasta qué punto para nosotros fue una renuncia drástica a todo lo que habíamos sido antes.

No sólo Evelien y yo habíamos sido educados en el contexto de la iglesia reformada calvinista (que son dentro de las protestantes, las más tradicionalistas), sino que como matrimonio habíamos sentido el llamamiento de servir al Señor, yendo juntos a un colegio bíblico en Inglaterra cuando llevábamos dos años casados. Por cierto, el día de la graduación, el director dejó muy claro que Evelien había sido la *"top student"*, es decir, la estudiante que había sacado mejores notas.

Cuando Evelien fue a recibir su diploma tuvo que decir algunas palabras. El director le preguntó algo así: "Ahora que vais a ir a la ciudad de Cuenca a ayudar en una iglesia, ¿qué vas a hacer tú allí concretamente?" Evelien respondió sin más, casi sin pensar: "Pues muy fácil. Yo puedo dedicarme a preparar los sermones de Sergio, y él a predicarlos".

Y sí, es cierto, en el 2010, tras finalizar nuestros estudios teológicos sentimos con claridad que Dios nos llamó a vivir en la ciudad de Cuenca. Una iglesia evangélica se había quedado sin pastor, y nosotros íbamos a servir allí, hasta que encontraran un pastor, o hasta que se decidiera si yo podía quedarme como pastor, y Evelien, claro está, como la mujer del predicador.

¿Y quién iba a decidir si yo me quedaría allí como pastor si en las iglesias evangélicas no hay un Papa?

Sí, es cierto, no hay Papa, ni obispos; lo cual significa, que cada cristiano con su Biblia puede considerarse a sí mismo Papa u Obispo. Es una mera cuestión de auto-percepción, como le ocurrió al mismo Lutero que en paz descanse.

Si mi esposa o yo tuviésemos que escribir tan sólo acerca de nuestras experiencias en el mundo evangélico sobre la forma de elegir misioneros, pastores y predica-dores, o de qué forma se trata a menudo al predicador, o a la mujer del predicador, un libro de quinientas páginas sería poco. De hecho, confieso que mi tentación está siendo ahora la de usar este escrito para desahogarme y comenzar a lanzar piedras a diestra y a siniestra resu-miendo nuestras vivencias. Codazos, la ley del más fuerte, la infalible libre interpretación de las Escrituras del pas-tor de turno que viene dando un golpe en la mesa y po-niendo a todo el mundo firme. Y de cómo esos grupos y congregaciones reunidos cada domingo en torno a la personalidad de ese hombre, creen con toda sinceridad que la conciencia de ellos es sólo cautiva de la Palabra de Dios, cuando en muchos casos, siguen al pastor, o a su denominación, o a una confesión de fe, que diecisiete siglos después de que Cristo fundara su iglesia, algunos hombres se reunieron y se sacaron de la manga, como el mago que de pronto saca un conejo de la chistera. Y gritan una y otra vez como loros: *Sola Scriptura, Sola Fide*; cuando ni la Sola Biblia ni la Sola fe son doctrinas que vengan en la Biblia, sino que nacieron en la mente atormentada de Lutero y de sus amigos; mejor dicho, de sus enemigos, porque llegó a tal grado su soberbia, que el que no pensara como él, sea *anatema*.

Confieso que yo también cometí errores en aquella etapa como predicador, y no sólo los cometieron nuestros hermanos evangélicos, o aquellas organizaciones misioneras, o tantos que se autoproclamaban con sus actos obispos o papas, y esto sólo porque habían leído unos cuantos libros; y sentían que Dios los habían llamado a enseñorearse de los demás, manipulando situaciones, haciendo daño a familias enteras, a matrimonios, a padres y a hijos, etc. Y todo esto, por causa de que la verdad prevaleciera. ¿Qué verdad? La verdad subjetiva de cada cual que, con su Biblia en la mano, se considera la máxima autoridad. Y no los culpo en demasía. De hecho, el protestantismo fomenta este tipo de desvaríos. Y por ello, durante nuestros muchos años como evangélicos reformados, y además misioneros, nos hemos encontrado con una cantidad de personajes de película que, si realmente llegáramos a escribir cosas que nos ocurrieron, otras que vimos, u otras que nos contaron, abriríamos tal melón que se montaría la de san Quintín. Ya que no son pocos los que me consta que piensan igual que nosotros, pero que no se atreven a contarlo, por un supuesto principio de prudencia cristiana. Y aunque es bien cierto que Dios nos llama a ser prudentes, aún es más cierto que el Señor nos llama a ayudar a los que se puedan encontrar en situaciones semejantes. Pues no son pocos los misioneros que sufren junto con sus esposas, y no precisamente debido a la dificultad de la obra misionera, o al padecer por Cristo, lo cual es legítimo, sino porque el mismo sistema protestante es caótico en sus raíces, en su esencia. Y como decía, por supuesto, yo mismo también cometí errores y pecados; y aunque algunos de estos errores fueron por mi culpa, otros tantos, no pocos, los cometí, debido al sistema eclesial en el que nos encontrábamos, donde impera la ley del más fuerte, del más inspirado, del que supuestamente Dios le haya hablado más. Por favor, seamos serios.

Ah, dirá alguno: *"Entonces vosotros os habéis hecho católicos porque no habéis sabido gestionar vuestro fracaso como protestantes"*. No amigo, nosotros no hemos fracasado como protestantes, fue Lutero el que fracasó. Él mismo lo reconoció en sus escritos. Leed a Martín Lutero. Id a las fuentes, y quedaréis espantados de tanta soberbia, de párrafos innumerables llenos de comentarios viles acerca de personas concretas, y del mismo pueblo judío. No creáis la historia ficticia que os contaron acerca de Lutero, como si de Superman se tratase, sino que más bien fue como aquel bandolero Curro Jiménez, aunque luchando en el bando equivocado, se tomó la justicia por su mano y cometió todo tipo de atropellos. Algunos incluso lo compararían con el gran caballero Don Quijote, quien al menos recobró su cordura en el lecho de su muerte, convirtiéndose nuevamente en Alonso Quijano; otros en cambio, continúan viviendo en un mundo de fantasía caballeresca, defendiendo el supuesto heroísmo protestante.

Si hay algo que estábamos comenzando a tener claro, entre otras cosas, es que no nos íbamos a volver a adherir a una iglesia que cada año, el día 31 de octubre se dedicara a celebrar a Lutero, teniendo en cuenta las innumerables cosas innombrables que escribió, o cuál había sido el fracaso de la supuesta reforma protestante.

Ya no queríamos eso para nosotros, ni para nuestros hijos. Para vivir la vida cristiana, necesitábamos el poder y la gracia que Dios derrama en sus hijos en el seno de la Iglesia que el mismo Cristo fundó. Necesitábamos el poder de los Sacramentos para que Evelien y yo como matrimonio, y ahora también como padres, pudiéramos educar a nuestros hijos en el amor y en el temor del Señor.

Pero nuevamente, debíamos ser honestos con nosotros mismos. ¿Cómo íbamos a dejar a nuestros hijos sin bautizar? Pero, ¿cómo íbamos a bautizarlos sin recibir nosotros los sacramentos que nos faltaran para entrar definitivamente en la plena comunión de la Iglesia católica? ¿Les íbamos a exigir a nuestros hijos un compromiso si nosotros como padres no estábamos dispuestos a comprometernos? No, imposible. En el Arca entraríamos los cuatro o ninguno. Y por supuesto, no nos pensábamos quedar fuera, cuando ciertamente, pronto vendría el gran diluvio.

Después de orar nuevamente, y viendo con claridad lo que el Señor nos pedía, hablamos con un sacerdote y se le envió una carta al Obispo de la Diócesis de Cuenca, para continuar dando los pasos que la Iglesia nos marcara.

Tanto Evelien como yo fuimos bautizados como infantes en el nombre del Padre, y del Hijo y del Espíritu Santo. Evelien fue bautizada en Gereformeerde Gemeenten, la iglesia reformada de Holanda, donde nos casamos en el año 2007, y cuyo matrimonio ya había sido también hecho Sacramento por la Iglesia católica, la cual también reconocía y aceptaba el bautismo de Evelien en la iglesia reformada. Sólo había que convalidarlo para que Evelien fuese recibida en la plena comunión de la Iglesia católica. Yo igualmente fui bautizado en la Iglesia católica, pero nunca había sido Confirmado.

La decisión ya había sido tomada. Dios, en su misericordia nos mostró con claridad cuál era su voluntad para nosotros como familia, como matrimonio, y como padres de nuestros dos hijos. Ellos serían bautizados y hechos hijos de Dios. Evelien y yo seríamos confirmados en la fe de la Iglesia, y juntos de esta forma como familia cristiana, seríamos todos miembros de la iglesia visible que Cristo fundó, la cual es una, santa, católica y apostólica.

El domingo 27 de octubre del 2024, Evelien, mi esposa, fue recibida en la plena comunión de la Iglesia católica durante la Misa dominical, acompañada por su madrina, mi madre Rosa. Yo me encontraba cerca, a su lado, acompañándola, y siguiendo su recitación del Credo de Nicea, junto con toda la Iglesia. Aquel día recibiríamos por primera vez juntos al Señor en la Eucaristía, en cuerpo, sangre, alma y divinidad.

Ciertamente, en los últimos dos años yo ya me había acercado a los sacramentos, pero ahora puedo entender que Dios permitió aquel largo periodo de mi noche oscura del alma, para que, así como mi mujer siempre me acompañó y nunca me dejó, yo pudiera acompañarla a ella ahora, tanto recibiendo al Señor en la Eucaristía, como los dos acompañando a nuestros hijos el lunes 28 de octubre del año 2024: día en el que ellos fueron bautizados y nosotros confirmados, siendo mi madre Rosa madrina de Evelien, y mi padre Salvador, mi padrino. Nuestros hijos fueron hechos hijos de Dios, recibiendo el Espíritu Santo; y Evelien y yo fuimos sellados con el Espíritu Santo.

Y de esta manera entramos como familia en el arca, siguiendo el ejemplo de Noé, su mujer e hijos.

"Creer es un acto eclesial. La fe de la Iglesia precede, engendra, conduce y alimenta nuestra fe. La Iglesia es Madre de todos los creyentes. 'Nadie puede tener a Dios por Padre si no tiene a la Iglesia

como Madre' (San Cipriano de Cartago, de Ecclesiae catholicae unitae, 6: PL 4,503ª). (Párrafo 181 del Catecismo de la Iglesia Católica)."Creemos todas aquellas cosas que se contienen en la Palabra de Dios escrita o transmitida por la Iglesia... para ser creídas como divinamente reveladas" (Pablo VI, Credo del Pueblo de Dios, 20)" (Párrafo 182 del Catecismo de la Iglesia Católica).

4
A nuestros amigos y hermanos protestantes

No fue nuestra intención hacerte daño. Incluso dudo de que hayas llegado hasta esta parte del escrito. Sé que tus maestros te enseñaron muy bien, así como nos enseñaron a nosotros a defender nuestra fe protestante, hasta que, por la misericordia de Dios, comenzamos a hacernos preguntas obvias. Tú también te las has hecho a menudo, pero acallaste tu conciencia, por miedo, o por pensar que seguías tan fielmente la Palabra de Dios, que todas aquellas preguntas te las estaba susurrando al oído el mismo satanás. Y hasta ese extremo llegan algunos protestantes, a confundir la voz del Espíritu Santo con la del diablo; porque cuando Dios quiere ayudarlos, ellos dicen que el diablo los está tentando, y cuando satanás, en cambio, los tienta con más divisiones, cismas, y doctrinas diversas, entonces piensan que Dios de esta forma los purifica, siguiendo el ejemplo de los puritanos, y de tantas innumerables sectas que se separaron de la anterior, y de esta forma, hasta que Cristo vuelva.

"El propio fundador de la 'Reforma', Martín Lutero, fue el que más se lamentó a medida que él revisaba los daños que había causado su rebelión contra la autoridad. Sus escritos demuestran que él lamentaba su acción, cuando escribió: "Este no quiere oír de Bautismo, y aquel niega el sacramento, otro pone un mundo entre este y el último día. Algunos enseñan que Cristo no es Dios, algunos dicen esto, otros dicen eso; hay tantas sectas y credos como cabezas. Nunca un campesino es tan grosero como cuando tiene sueños y fantasías, él se considera inspirado por el Espíritu Santo y que debe ser un profeta". (*De Wette III*, citado en el libro de O'Hare: Los Hechos sobre Lutero, p. 208).

Sé que a muchos les sorprenderá conocer estas palabras de Lutero. Pues las siguientes demuestran que aún él –que se reveló contra la Iglesia de Cristo e inició la revolución protestante– reconocía, hasta cierto punto, la autoridad de dicha Iglesia: "Nosotros aceptamos, tal y como debemos, que mucho de lo que ellos (la Iglesia Católica) dicen es verdad: que el papado tiene la Palabra de Dios y la autoridad de los apóstoles, y que hemos recibido las Santas Escrituras, el Bautismo, Sacramentos, y el púlpito de ellos. ¿Qué sabríamos de esto si no fuera por ellos" (El Sermón sobre el Evangelio de San Juan, Caps. 14-16 (1537), en el vol. 24 del libro *Los Trabajos de Lutero*, San Luis, Misuri: Concordia, 1961, p.304. (Tomado del escrito de Bob Stanley, Defiende tu fe).

Podríamos continuar escribiendo acerca de las contradicciones de Lutero, de sus problemas espirituales serios y de carácter, o de su odio hacia los judíos y mucho más, pero no creo que deba hacerlo. Tal cosa me agotaría.

Posiblemente pienses que dentro del protestantismo no aprendimos tanto como debimos, y que por ello hemos acabado arrojándonos a este pozo de perdición que es la iglesia romana. Y yo me temo más bien que si sigues pensando o hablando así, es porque repites mantras, frases hechas, insultos de los mal llamados reformadores, que más que reformar la iglesia, lo que consiguieron fue dividirla, hasta el punto en el que hoy, ya son muchos en el protestantismo que no saben lo que creen, ni por qué lo creen. Sí, claro; la conciencia de todos ellos es cautiva de la Palabra de Dios, y como cada cual cree en algo diferente, habrá que pensar o que Dios le da a cada uno su propio credo, o que más bien no es Dios el que les habla, sino eso, sus conciencias, su propio capricho, o incluso el demonio, creador de discordia, mentiras y divisiones.

Me consta que si has llegado a esta parte del escrito estarás enfadado con nosotros. Ni siquiera nos tratarías como hermanos en Cristo, y te entiendo. Yo mismo pasé por experiencias similares o mucho peores. Yo no podía pensar que había muchos católicos que eran creyentes a pesar de sus graves errores. Pero el hecho de que alguien dejara la supuesta verdad de la reforma protestante para unirse a los católicos, era impensable. Lo veía como apostasía. Y dudaba que pudieran ser creyentes los que obraran de tal manera. Pero hoy, en cambio, pienso que los protestantes son los que también pueden ir al cielo, por la gracia de Dios, a pesar de sus errores, porque a menudo, les contaron tantos cuentos increíbles acerca de los supuestos héroes de la Reforma, que fueron poco a poco asumiendo aquellas fábulas como ciertas, sin jamás cuestionarse lo que sus maestros les enseñaron. Por esta razón, por causa de tanta ignorancia invencible, Dios tiene misericordia de muchos, ya que estos protestantes, víctimas de tanta mentira histórica, no son culpables directos de haberse tragado el camello.

A menudo, cuando tuvimos encuentros con algún grupo católico, pensábamos: "qué pena que estén confundidos en la doctrina, pues se aman como los cristianos deberían amarse". Hasta que finalmente llegamos a la inevitable conclusión de que también en la doctrina estaban en lo correcto.

Sé lo que estás pensando, hermano protestante. Sueles usar ejemplos extremos para acallar tu conciencia y no examinar la fe católica sin prejuicios. Cuando digo que también los católicos en la doctrina están en lo correcto, no me refiero a que todo lo que diga cualquier católico que él crea que su iglesia enseña, sea correcto, ya que habrá no pocos que, aun profesando la fe católica, no saben lo que la iglesia oficialmente enseña como revelado por Dios. Y finalmente, tú piensas que lo que dice ese católico es doctrina oficial de la Iglesia. Y por ello lo rechazas tanto a él como a la Iglesia. Pues si obras de esta forma, no me parece honesto. Ni siquiera estarías obrando como un verdadero protestante. Todos los protestantes son llamados a escudriñar. ¿Recuerdas?

Pero continuarás insistiendo que no te refieres a cualquier católico laico o iletrado, sino que has escuchado a diversas autoridades eclesiales en pronunciamientos que no solamente no son católicos, sino declaraciones que ni siquiera son cristianas. Sí, es posible. Yo también las he oído. Ahora bien, vayamos por partes, ya que ahora me estoy dirigiendo a amigos y hermanos protestantes y no a mis hermanos católicos, aunque el escrito es el mismo para todos. Trataremos cada asunto en su momento. No obstante, quisiera dar algunas pinceladas meditando en la siguiente parábola de nuestro Señor Jesucristo.

Otra parábola les propuso diciendo: "El Reino de los Cielos es semejante a un hombre que sembró buena semilla en su campo. Pero, mientras su gente dormía, vino su enemigo, sembró encima cizaña entre el trigo, y se fue. Cuando brotó la hierba y produjo fruto, apareció entonces también la cizaña. Los siervos del amo se acercaron a decirle:

'Señor, ¿no sembraste semilla buena en tu campo? ¿Cómo es que tiene cizaña?'. Él les contestó: 'Algún enemigo ha hecho esto'. Dícenle los siervos: '¿Quieres, pues, que vayamos a recogerla?' Díceles: 'No, no sea que, al recoger la cizaña, arranquéis a la vez el trigo. Dejad que ambos crezcan juntos hasta la siega. Y al tiempo de la siega, diré a los segadores: 'Recoged primero la cizaña y atadla en gavillas para quemarla, y el trigo recogedlo en mi granero'". (Mateo 13:24-30).

Me parece que la analogía es bien clara. Alguien podría preguntarse que cómo es posible que si Cristo instituyó la Iglesia Católica recibiendo ella el fiel depósito de la fe para que fuese custodiado, sea no sólo desde fuera, sino también dicho depósito atacado desde dentro. Pues la respuesta la da nuestro Señor Jesucristo. La cizaña. Recordad incluso que Cristo eligió a doce y uno de ellos fue Judas. Además, hasta el mismo Pedro negó a Cristo tres veces, e incluso en cierta ocasión el Señor le dijo: *"¡Quítate de mi vista, Satanás! ¡Escándalo eres para mí, porque tus pensamientos no son los de Dios, sino los de los hombres!" (Mateo 16:23).*

Es decir, no entiendo por qué os sorprende tanto entonces. ¿Pensáis que si Cristo llegó a hablar así al apóstol Pedro hace dos mil años, no lo habrá hecho nunca más, con algunos de sus sucesores? Y hasta tal punto esto puede ser cierto que, en lugar de hablar mal de la Iglesia, esto nos demuestra que la Iglesia Católica es la que Cristo fundó, ya que ni siquiera los malos Papas, con abusos, inmoralidades, e incluso errores teológicos en algunos casos, jamás han podido cambiar oficialmente el depósito de la fe, la doctrina oficial de la Iglesia. ¿No os parece esto un milagro? Lo es.

Jesús dijo a sus discípulos: "Y vosotros ¿quién decís que soy yo?" Simón Pedro contestó: "Tú eres el Cristo, el Hijo de Dios vivo". Replicando Jesús le dijo: "Bienaventurado eres Simón, hijo de Jonás, porque no te ha revelado esto la carne ni la sangre, sino mi Padre que está en los cielos. Y yo a la vez te digo que tú eres Pedro, y sobre esta piedra edificaré mi iglesia, y las puertas del Hades no prevalecerán contra ella. A ti te daré las llaves del Reino de los Cielos; y lo que ates en la tierra quedará atado en los cielos, y lo que desates en la tierra quedará desatado en los cielos". (Mateo 16:15-19).

Mucho se podría escribir sobre ello, pero en el contexto de aquello a lo que nos estábamos refiriendo, al menos dejar claro que por mucho que la iglesia fuese atacada desde fuera o desde dentro, las puertas del Hades no prevalecerán contra ella, ya que Cristo, su fundador, es Cabeza de la Iglesia, por encima de toda jerarquía o cabeza visible que él mismo haya instituido.

Así que nunca me cansaré en insistir en este punto. Todo católico debe creer lo que la Iglesia declara oficialmente como verdad de fe, pero no todo lo que cualquier laico, sacerdote, obispo o papa declare, si esto va en contra de la revelación divina.

"Las mentiras son como las monedas falsas, acuñadas por cualquier truhan, las gastan luego personas honestas que perpetúan el crimen sin saber lo que hacen.
Así también la mentira, sobre todo cuando la dice una persona con autoridad, es capaz de correr en todas las direcciones, siendo imposible descubrirla.

Y lentamente se transforma en verdad para aquellos que no se someten al esfuerzo de la verificación y de la crítica" (Joseph de Maistre).

En este sentido sí debemos aprender de los creyentes en Berea, como leemos en la Palabra de Dios: *"Y aceptaron la Palabra de todo corazón. Diariamente examinaban las Escrituras para ver si las cosas eran así" (Hechos 17:11).*

O el mismo Apóstol Pablo escribió a los Gálatas:

"Me maravillo de que abandonando al que os llamó por la gracia de Cristo, os paséis tan pronto a otro evangelio; no que haya otro, sino que hay algunos que os perturban, y quieren deformar el Evangelio de Cristo. Pero aun cuando nosotros mismos o un ángel del cielo os anunciara un evangelio distinto del que os hemos anunciado, ¡sea anatema! Porque ¿Busco yo ahora el favor de los hombres o el de Dios? ¿O es que intento agradar a los hombres? Si todavía tratara de agradar a los hombres, ya no sería siervo de Cristo" (Gálatas 1:6-10).

Y aunque ahora nos estábamos dirigiendo especialmente a hermanos protestantes, debemos recordar –también los católicos– que tenemos el deber de conocer el depósito de la fe, la revelación divina, para que así podamos examinar a la luz de las Sagradas Escrituras, el Magisterio y la Tradición, si lo que está diciendo ese hermano laico, sacerdote, obispo o papa, es conforme a la Palabra de Dios o no lo es.

No obstante, también insistiremos en que estos principios bíblicos no deben ser usados jamás para fomentar el extremo en el que se suele caer en el protestantismo, donde cada individuo cree que su conciencia siendo tan cautiva sólo de la Palabra de Dios, se convierte más bien en un cautivo de sus propias interpretaciones de la Palabra y de una gran multitud de desvaríos.

Sí, sabemos lo que nos dirás ahora, hermano evangélico. Que te has leído no sé cuántos libros que hablan del catolicismo y que, por ello, después de examinar durante años la fe católica, ahora puedes rechazarla, porque estás convencido de que no es bíblica.

Nuevamente, lo que haces no es honesto. Todos esos libros que dices haber leído, muchos de ellos yo los había leído antes que tú. Y hoy por hoy, no sólo no me demostrarían nada contra la Iglesia católica, sino que me sirven para confirmarme aún más el error en el que en diferentes puntos se encuentran los protestantes.

Todos esos libros que lees sobre el catolicismo han sido escritos por protestantes. Podría citarte algunos, pero no lo haré. Tú los conoces igual que yo. ¿Y por qué digo que hacer eso no es honesto? Porque tú que dices que tu conciencia es sólo cautiva de la Palabra de Dios, leyendo esos libros te estás haciendo cautivo de un espíritu anticatólico que nada tiene que ver con lo que enseña la Biblia o lo que dice la Iglesia católica acerca de sí misma. O aún más, lo que Cristo, quien fundó su iglesia, dice de ella.

Sé que la mayoría de biografías que habrás leído de Lutero son escritas por protestantes, y como esto, te podría dar una lista interminable de ejemplos.

Y continuarás pensando que en nuestro escrito no hemos dado razones teológicas, sino que crees que ahora nosotros somos católicos porque un día lanzamos unos dados, o porque nos sentíamos solos, o porque no nos fue bien como misioneros evangélicos, o porque vimos como un grupo de católicos se amaban, y que de esta forma el diablo nos engañó.

Ahora bien, ¿no dice el Señor que por sus frutos los conoceréis? ¿Por qué esa tendencia tan nefasta de poner siempre las buenas obras o el amor en un segundo plano? Claro, habéis llevado la falacia de la *Sola Fide,* de la sola fe, al extremo, de que el cristianismo de muchos protestantes, es más intelectual, teológico y doctrinal, que práctico y vivencial.

Pero si deseas que te hable también de teología puedo hacerlo. Ciertamente no fueron estas las primeras razones que nos llevaron a acercarnos a la Iglesia católica. Es cierto que algunas de nuestras experiencias en el mundo evangélico hicieron saltar la alarma, y comenzamos a orar, a esperar, a leer y a escudriñar. Pero lo que encontramos en esas lecturas fue lo siguiente: tesoros innumerables por los cuales merecía la pena abandonar muchos de los sueños que teníamos, que nos habían llevado a construir por casi veinte años, un gran castillo de naipes. Gracias damos al Señor porque Él los derribó, tanto el castillo como los sueños, y para ello, nos convenció de la verdad católica, no sólo a través de nuestras experiencias en el mundo evangélico, o del amor entre los católicos, sino a través de las grandes doctrinas y dogmas de la Santa Madre Iglesia Católica.

Ahora sabemos que cuando hablamos de la Revelación divina hablamos de tres principales fuentes:

Las Sagradas Escrituras, el Magisterio, y la Tradición. Y si me preguntas que cómo podemos creer en semejante cosa, te responderé como Lutero: *"Porque nuestra conciencia es cautiva sólo de la Palabra de Dios"*.

5
Evidencias
Evidencias bíblicas, teológicas, históricas y lógicas, de la veracidad de la fe católica

Por supuesto que no pretendemos escribir un libro o tratado sobre cada uno de estos aspectos. Sería interminable. Pero al menos, sí unas pinceladas que nos ayuden a situarnos, y a crecer, no sólo en nuestro amor hacia Cristo y hacia su Iglesia, sino en el deseo también de ayudar a aquellos que comienzan a hacerse preguntas, pero que no encuentran las respuestas adecuadas que los llevarían a examinar la fe de la Iglesia sin prejuicios.

San John Henry Newman dijo: *"Profundizar en la historia es dejar de ser protestante"*.

Usemos la cabeza, y pensemos por un instante en esta lógica. Hace unos días leí una frase que me hizo pensar y escribí lo siguiente:

> *"Si Cristo fundó muchas iglesias y creyendo todas doctrinas opuestas, esas iglesias son necesariamente falsas y Cristo no podría ser Dios.*
> *Si Cristo no fundó ninguna iglesia, todas serían igualmente falsas, sea Cristo Dios o no lo sea.*
> *Pero si verdaderamente Cristo es Dios, y fundó una sola iglesia, esa Iglesia es verdadera y todo verdadero cristiano debería querer pertenecer a ella, sea cuál esta sea, te guste más o te guste menos".*

Y puesto que Cristo es Dios, y sólo hay una Iglesia que ha perdurado por dos mil años, el asunto está más que resuelto. Yo soy católico, porque Dios mismo así lo quiere".

Esta podría ser una de las muchísimas razones por las cuáles tanto mi mujer como yo, junto con nuestros hijos, somos católicos: porque Cristo fundó la Iglesia católica y, por lo tanto, Dios ha querido atraernos a su Iglesia.

Sobre el dogma protestante de la Sola Scriptura, o las Sagradas Escrituras, el Magisterio y la Tradición

Si me dices que tú no puedes creer en ninguna autoridad fuera de la Biblia, te responderé que no crees en ninguna autoridad fuera de ti. Y te lo demostraré. Si tanto amaras la Biblia, te preocuparías mucho más en preguntarte a través de qué medios ésta nos llegó, si tu Biblia tiene todos los libros que debiera tener, o si en cambio algunos sacaron de ella unos cuantos.

Amor a la Biblia es también amor a lo que la Iglesia ha creído de ella mucho antes del siglo XVI.

¿No será que amas más tu interpretación de la Biblia que a la Biblia misma? Es más, yo no puedo amar la Biblia si amo sólo la Biblia, porque la Biblia no me habla de amor a la sola Biblia. Y tú, que además de creer en la Biblia crees en el Dios de la Biblia, ¿no piensas que Él que es infinitamente sabio, daría autoridad a su Iglesia para interpretarla?¿Crees que la libre interpretación de la Biblia puede ser una idea de Dios, quien sólo puede y debe aceptar la verdad que Él ha revelado, a saber, la interpretación de Dios mismo?¿Insultas a Dios creyendo que pondría la Biblia en tus manos para hacer de ti su intérprete y no más bien en las manos de su Iglesia?

Y si me preguntas cuál es la verdadera Iglesia, sólo puedo responderte que la que Cristo fundó. Y ahora sólo te queda contar, y después pensar. ¿Tienes miedo? ¿No te gusta lo que ves? Pues lo siento mucho. Te estabas acercando a la verdad innegable. Y ahora, en cambio, prefieres cerrar tus ojos.

Abre los ojos, y después mira...

¿Ves a John Knox, a Martín Lutero, o a Juan Calvino fundando alguna iglesia hace dos mil años? Imposible. Entonces, asunto resuelto.

Algunos protestantes hablan como si hace dos mil años Cristo hubiese dicho a sus discípulos: "Id por todo el mundo y repartid un libro que yo os voy a dictar. Ese libro será tan fácil de entender que no hará falta nada más. Ellos mismos sabrán lo que significa. De esta forma fundaré mi iglesia. Y esta será una, gracias al libro que yo os dictaré, y que vosotros repartiréis casa por casa. El que creyera en el libro que yo os daré, se salvará. El que no creyera en el libro que yo os daré, se condenará".

Otros protestantes hablan como si tras la ascensión de Cristo a los cielos, Dios hubiese enviado una Biblia al mundo a través de un lienzo, y después, hubiese desaparecido, tanto Dios como el lienzo, pero una voz se escuchó diciendo: "Apañaos con este libro. Sólo este libro os será guía para la vida en todo asunto de fe, moral y doctrina. Pero tristemente, muy pronto os desviaréis de las claras enseñanzas del libro. Pero no os preocupéis, aunque durante dieciséis siglos abandonaré a mi iglesia, que se apartará de las enseñanzas del Libro, yo enviaré a un monje alemán que os aclarará vuestras dudas".

Por favor, seamos serios.

"Dios quiere que todos los hombres se salven y lleguen al conocimiento de la verdad" (1 Timoteo 2:4), es decir, al conocimiento de Cristo Jesús (Juan 14:6). Es preciso, pues, que Cristo sea anunciado a todos los pueblos y a todos los hombres y que así la Revelación llegue hasta los confines del mundo:
Dios quiso que lo que había revelado para salvación de todos los pueblos se conservara por siempre íntegro y fuera transmitido a todas las generaciones" (Párrafo 74, Catecismo de la Iglesia Católica).

Puedo casi leer el pensamiento de alguno, diciendo: "Sí, pero tú estás citando un documento que no es la Biblia y no tengo por qué creerlo, pues mi conciencia es sólo cautiva de la Palabra de Dios".

Y puesto que ya me siento un poco agotado, no quisiera dar demasiadas vueltas a este trompo, por lo que espero ir resumiendo lo más posible este punto, con la esperanza de que dejes ya a un lado esa cantinela.

¿No te has dado cuenta de que el dogma protestante de la Sola Scriptura, sólo la Biblia, lo crees por fe, pero que nunca se te ha probado? Dicho de otra forma: si crees sólo en la Biblia, deberías encontrar en la Biblia suficientes argumentos que te indicaran que sólo debes creer en la Biblia, y como te demostraré a continuación, incluso sólo con la Biblia, llegamos a conclusiones diferentes. Es decir, la Biblia demuestra que la tradición y el magisterio son también necesarios.

En primer lugar, la Biblia demuestra que las Sagradas Escrituras son necesarias: *"Toda Escritura es inspirada por Dios y útil para enseñar, para argüir, para corregir y para educar en justicia" (2 Timoteo 3:16).*

Tú que crees encontrar aquí base suficiente para la *Sola Scriptura,* lo que este texto demuestra es todo lo contrario. Dice "Toda la Escritura", pero no dice "Sólo la Escritura". Y, además, crees encontrar en la Biblia base para la doctrina de la sola fe, la cual no es bíblica, ni según la doctrina de los apóstoles, ni de los padres de la iglesia, ni de Cristo mismo. Sí es cierto, en el versículo 15 leemos: *"y que desde niño conoces las Sagradas Letras, que pueden darte la sabiduría que lleva a la salvación mediante la fe en Cristo Jesús".* Dirás: "¿Lo ves? Aquí encontramos sola fe". Pero nuevamente el texto no dice sola fe, sino salvación mediante la fe en Cristo Jesús; pues dos versículos más abajo, dice: *"así el hombre de Dios se encuentra religiosamente maduro y preparado para toda obra buena".* Aquí vemos, no sólo la necesidad de las buenas obras, sino que la *Sola Scriptura* es un dogma que el protestantismo da por hecho, creyéndolo por la fe, y sin poder probarlo con la Biblia.

En segundo lugar, la Biblia demuestra que no sólo las Sagradas Escrituras son necesarias, sino la Tradición. No obstante, antes nos iremos al Compendio del Catecismo de la Iglesia católica para definir qué es la Tradición, y después, lo probaremos con la Sagradas Escrituras.

12. ¿Qué es la Tradición Apostólica? *La Tradición Apostólica es la transmisión del mensaje de Cristo llevada a cabo, desde los comienzos del cristianismo, por la predicación, el testimonio, las instituciones, el culto y los escritos inspirados. Los Apóstoles transmitieron a sus* *sucesores, los obispos y, a través de éstos, a todas las generaciones hasta el fin de los tiempos todo lo que habían recibido de Cristo y aprendido del Espíritu Santo.*

13. ¿De qué modo se realiza la Tradición Apostólica? *La Tradición Apostólica se realiza de dos modos: con la transmisión viva de la Palabra de Dios (también llamada simplemente Tradición) y con la Sagrada Escritura, que es el mismo anuncio de la salvación puesto por escrito.*

14. ¿Qué relación existe entre Tradición y Sagrada Escritura? *La Tradición y la Sagrada Escritura están íntimamente unidas y compenetradas entre sí. En efecto, ambas hacen presente y fecundo en la Iglesia el misterio de Cristo, y surgen de la misma fuente divina: constituyen un solo sagrado depósito de la fe, del cual la Iglesia saca su propia certeza sobre todas las cosas reveladas.*

¿Y esto puede ser probado por las Sagradas Escrituras? Sí, y te daré como muestra tan sólo un botón, por motivos del tiempo, y la necesidad de ser breves. Pero nuevamente, hay argumentos también lógicos. Puesto que la Biblia no nos fue dada a través de un lienzo, tuvo que haber alguna autoridad fuera de ella que nos dijera cuáles eran los libros inspirados y, como veremos después, una autoridad que también la interprete fielmente. Y esa autoridad es la Iglesia, el Magisterio, y también por medio de la Tradición Apostólica, como vimos anteriormente.

Leemos en la Palabra de Dios: *"Así pues, hermanos, manteneos firmes y conservad las tradiciones que habéis aprendido de nosotros de viva voz o por carta" (2 Tesalonicenses 2:15).* Es decir, no sólo lo que hubiera quedado por escrito debía ser creído y obedecido, sino aquellas tradiciones que habían aprendido de los apóstoles de viva voz. Es decir, cuando en la Biblia se hace referencia a la Palabra de Dios, en muchas ocasiones no se está refiriendo al texto escrito, sino a la transmisión oral. Y esto, en resumen, es lo que entendemos por Tradición Apostólica.

Leemos en las Sagradas Escrituras:

> *"Jesús se acercó a ellos y les habló así: 'Me ha sido dado todo poder en el cielo y en la tierra. Id, pues, y haced discípulos a todas las gentes bautizándolas en el nombre del Padre y del Hijo y del Espíritu Santo, y enseñándoles a guardar todo lo que yo os he mandado. Y he aquí yo estoy con vosotros todos los días hasta el fin del mundo'"* (Mateo 28:18-20).

Confieso que estuve toda mi vida leyendo estas palabras de Cristo sin pararme a pensar en profundidad en un aspecto muy descuidado por los protestantes. ¿A quiénes estaba hablando Jesucristo? A los Apóstoles. ¿Viajarían sólo ellos a todas las naciones? Por supuesto que no. ¿Estarían ellos vivos hasta la segunda venida de Cristo? Tampoco. Entonces, cuando Cristo dice "haced discípulos a todas las gentes, y yo estoy con vosotros todos los días hasta el fin del mundo", se tiene que referir por fuerza a sus sucesores, a quienes podrían enseñar con la misma autoridad que ellos, fielmente la Palabra de Dios, transmitiéndola a otros, y estos otros, a otros y así sucesivamente hasta nuestros días, y más aún, hasta el fin del mundo. Y esto, tanto a viva voz como por carta.

Por ello también Cristo dijo a sus discípulos: *"Quien a vosotros recibe, a mí me recibe, y quien me recibe a mí, recibe a Aquel que me ha enviado"* (Mateo 10:40).

Nuevamente, las implicaciones de estas palabras son muy contundentes. ¿Has pensado alguna vez, amigo y hermano protestante, que al estar rechazando la autoridad de la Iglesia, de la Tradición Apostólica y del Magisterio, podrías estar rechazando a Cristo mismo, aun sin saberlo? Pues me siento obligado a decirte que, a mayor conocimiento recibido, mayor es nuestra responsabilidad delante de Dios. Por ello, entre otras innumerables razones, nosotros tuvimos que dejar de ser protestantes, para abrazar con plena certidumbre de fe, la Iglesia de Cristo, que es una, santa, católica y apostólica. Y es a ella, a la que se le ha confiado el depósito de la fe. Y esto nos lleva a la necesidad del Magisterio, también probada por el testimonio de las Sagradas Escrituras.

> *"El mismo (se refiere a Cristo) dio a unos ser apóstoles; a otros, profetas; a otros, evangelizadores; a otros, pastores y maestros, para el recto ordenamiento de los santos en orden a las funciones del ministerio, para la edificación del Cuerpo de Cristo, hasta que lleguemos todos a la unidad de la fe y del conocimiento pleno del Hijo de Dios, al estado de hombre perfecto, a la madurez de la plenitud de Cristo" (Efesios 4:11-13).*

Creedme. Solamente en estas palabras hay material suficiente para escribir volúmenes, y argumentos de sobra para que el castillo de naipes que es el protestantismo, caiga con tan sólo un leve soplo.

Repiten hasta la saciedad el mantra de que sólo necesitamos la Biblia. Y lo repiten mucho más que los católicos podemos repetir el Ave María después de rezar los cinco misterios del Rosario. Y digo esto con respeto, pero es una realidad. Así que, si tanto defendéis que no se pueden hacer vanas repeticiones, dejad de repetir que las Cinco Solas de la Reforma Protestante se encuentran en la Biblia, porque no es cierto.

Sé que muchos hermanos protestantes también dirán que ellos tienen además de la Biblia su propio magisterio, que también tienen pastores y maestros, e incluso catecismos; y nos citarán el texto que hemos leído de san Pablo a los Efesios. Pero nuevamente, parece ser que no lo han leído bien, porque dice: *"para la edificación del Cuerpo de Cristo, hasta que lleguemos todos a la unidad de la fe"*. ¿Acaso no se refiere el Cuerpo de Cristo a la Iglesia? Y seguirán con el mantra de que no, de que se refiere a la Iglesia invisible. Otro concepto inventado por protestantes. Además, sigue diciendo *"hasta que lleguemos a la unidad de la fe"*, y los protestantes se dividen una y otra vez, siendo un escándalo para el mundo.

En cuanto a la iglesia invisible no tengo ahora el tiempo para referirme a ella. Sé que hay autores católicos que podrían dar a entender que existe una iglesia que es la iglesia verdadera, dentro de la iglesia, etc. Un concepto que podría ser parecido al de la iglesia invisible. Pero esto no prueba nada, ya que el mismo Jesucristo –como dijimos anteriormente– nos habló de un concepto parecido en la parábola del trigo y la cizaña, pero Cristo, aun así, no por ello dejó de fundar su iglesia, la cual es visible.¿Cómo pueden los protestantes llegar a la unidad de la fe cuando tienen miles de credos y doctrinas diferentes? Dirá el presbiteriano que él ha llegado a la unidad de la fe dentro de su iglesia, porque siguen todos la Confesión de Fe de Westminster. Y el otro bautista reformado dirá que ha llegado el conocimiento pleno y a la unidad de la fe, porque ha rechazado los dos errores de los presbiterianos, que son el bautismo infantil, y el gobierno de la iglesia. Dirá el arminiano que él tiene libre albedrío y que ha rechazado los graves errores de los predestinatarios, como algunos llamaban a los reformados. Y dirán los calvinistas que ellos, con cinco puntos, pueden refutar los errores de esos pobres arminianos. Dirá el pentecostal que él puede hablar en lenguas y hacer milagros; pero dirá ese otro hermano cesacionista que los dones no están vigentes desde que el canon de las Escrituras se cerró. Pero responderá este otro hermano carismático, que estos hablan así, porque están apagando el Espíritu, o porque no han recibido el bautismo del Espíritu Santo. Después nos encontramos con presbiterianos que dicen que tocar el órgano en la iglesia es abrir la puerta al diablo, y prohíben los instrumentos en sus congregaciones. Pero vienen otros reformados y dicen que no, que el órgano será el primer adorno que usarán en su iglesia. Y ya nos encontramos a estas dos denominaciones presbiterianas (una en Irlanda, y otra en Escocia) divididas en torno a un órgano, o a un velo en la cabeza para las mujeres. Y después viene otro aún más listo tratando de demostrar que en realidad los protestantes no están divididos, sino que están todos de acuerdo en lo esencial, y que todo lo demás son asuntos secundarios. Pues esto podría demostrar que son aún más sectarios de lo que parece, pues si lo que llaman secundario no lo consideran esencial, ¿por qué crean constantemente nuevas iglesias y denominaciones, saliendo de la anterior por las causas secundarias? Lo que más bien demuestra el caos protestante, es que de lo secundario hacen lo esencial, y en cambio en lo esencial, ninguno de ellos se pone de acuerdo. ¿Y qué es lo esencial, y lo más importante que Cristo nos ha dejado?

6
Sobre la
Sagrada Eucaristía

"El Reino de los Cielos es semejante a un tesoro escondido en un campo que, al encontrarlo un hombre, vuelve a esconderlo y, por la alegría que da, va, vende todo lo que tiene y compra el campo aquel" (Mateo 13:44).

En un lugar de la Mancha de cuyo nombre no quiero acordarme, me encontraba un 31 de octubre, hace años, celebrando el aniversario de la Reforma Protestante, o a Martín Lutero, uno de los pocos "santos" celebrados por nuestros hermanos separados. Este lugar se encontraba a no pocas horas en coche de otros muchos puntos de España. Y es que los cristianos reformados aún sin creer en la penitencia, están dispuestos a cruzar mar y tierra para escuchar una charla que les ayude a justificar en sus conciencias el gran lío que se formó en Europa en el S. XVI, y que desde entonces, tal enredo ha ido a más, hasta llegar a límites insospechados; de ahí la razón por la que cada 31 de octubre, ya por más de 500 años, se reúnen en torno al personaje de Lutero, hasta el punto de que sólo les falta ponerle un altar y velas a su alrededor y rezarle. Pero claro está, al no creer en la intercesión de los santos, se conforman con rendirle homenaje, casi culto, cada año, para repetir siempre los mismos mantras, acerca de los supuestos éxitos de la Reforma, del gran valor de este individuo, y de lo valiente que fue al colgar sus 95 tesis en la puerta de una iglesia en Wittemberg, y de lo feliz que se puede llegar a ser por ir al cielo tan sólo teniendo un poco de fe, o de cómo sólo la Biblia basta, en lugar de *sólo Dios basta,* como dijo santa Teresa de Jesús. Pero, así como leemos en Josué 24:15 *"Yo y mi casa serviremos a Yahveh",* y, por lo tanto, con limpia conciencia hace ya tiempo que no rendimos culto a Lutero, y que preferimos la compañía de los verdaderos santos: san Juan de la Cruz y santa Teresa de Jesús, quienes sirvieron sólo al Señor, sin sucumbir ante la presión de aquellos cismáticos que, prometiendo el oro y el moro, dividirían la iglesia en lugar de reformarla. Estos y otros muchos santos son los que han adornado la Iglesia de Cristo a lo largo de los siglos, han sido y siguen siendo los verdaderos reformadores, porque ¿de qué nos serviría protestar contra los supuestos errores de la Iglesia católica, si no sabemos ponernos de acuerdo en cuál es la verdad alternativa que proponemos? Y esto nos lleva nuevamente a aquel Lugar de la Mancha, a aquel día de la celebración de la Reforma, a la pregunta que hice a uno de los ponentes, y a la respuesta que recibí.

Creo recordar que desde niño tuve como todos, la costumbre de preguntar a mis padres, a profesores, y a cualquier adulto que se me cruzara acerca de mis inquietudes. Y ya sabéis las preguntas tan raras que hacen los niños. Pero los mayores, por lo general, saben dar respuestas para que el niño se quede tranquilo, y no siga durante horas preguntando lo mismo. No fue así en aquella ocasión. Mi pregunta fue buena y necesaria, pero en toda mi vida había recibido una respuesta tan mala y, aun así, fue una de las semillas que ya hace años Dios usó para comenzar a hacerme preguntas serias acerca de los supuestos logros del protestantismo, o de si realmente los católicos estarían tan errados como se nos insinuaba en aquellos cansinos días de celebración reformada.

Levanté mi mano. Después me levanté yo. Pedí un micrófono. El pastor se levantó también. Todos nos miraban. Era como si estuviese a punto de comenzar un combate de boxeo a lo Rocky IV. Pocas posibilidades tendría yo de ganarle a aquel gigante de la teología bautista reformada, uno de los tantos miles de grupos protestantes.

Primer y único asalto. Duró treinta segundos. Aunque aún no estoy seguro de quién dejó KO a quién. Yo, al menos, me quedé sin palabras. No porque no tuviera una respuesta que dar, sino porque quedé como en estado de shock durante años. Pero tanto mi esposa como yo, comenzamos poco a poco a hacernos preguntas.

He aquí mi pregunta y la que fue su respuesta:

> - *Si la Eucaristía es esencial para los católicos, ¿por qué los reformadores en el S. XVI no se pusieron de acuerdo en el significado de la misma?*
> - *Los reformadores sí se pusieron de acuerdo en una cosa, en que los católicos estaban equivocados.*

Yo, sinceramente, no sé quién estará leyendo este escrito, pero me gustaría estar viendo tu cara al leer esta pregunta y la respuesta que recibí. Creedme, no hace falta escribir volúmenes de explicaciones o de apologética católica, para darnos cuenta del cinismo protestante, y de lo absurdo de sus planteamientos. Y es que podríamos resumir en qué consiste la unidad de los cismáticos del siguiente modo: los protestantes sólo están de acuerdo en creer que los católicos están equivocados; pero ni pueden demostrar en qué están tan errados los católicos, ni en qué otras cosas ellos están unidos. ¿No pensáis que aquí huele a gato encerrado? ¿Verdaderamente pensáis que el Dios de Abraham, de Isaac y de Jacob, que el Padre de nuestro Señor y Salvador Jesucristo, verdadero Dios y verdadero hombre, nacido de Santa María Vírgen, iba a esperar 1500 años para levantar a los verdaderos reformadores de la cristiandad para que ahora éstos vengan tan sólo a decirnos la gran verdad de fe de que sus predecesores estaban equivocados, sin saber ellos mismos qué se debe creer? ¿Acaso descubrieron Lutero y Calvino la pólvora?

Y este es el resumen del drama protestante. No saben lo que la Eucaristía significa, lo que sí creen saber es lo que no significa. Y se quedan tan panchos. Ni el mismo Pancho de *Verano Azul* admitiría tal respuesta de los reformados. Y después dirían algunos puritanos que ni siquiera nuestros hijos podrían ver esta mítica serie de principios de los 80, porque Julia, amiga de Chanquete, en un capítulo, habló a los niños de Dios, pero sin definir realmente quién es Dios. Pero, ¿sí pueden ellos, en cambio, hablar del pan y del vino, e incluso celebrar lo que llaman la Cena del Señor, sin saber verdaderamente lo que están haciendo? Pero eso sí, saben lo que no significa.

Esto me recuerda a otro anciano de una iglesia bautista, que partiendo el pan y tomando la copa de vino en su mano, después del sermón aquel domingo, quiso dejar claro, ya no lo que se iba a celebrar en ese momento, sino que su énfasis fue explicar lo que no significaba. Dijo que no olvidáramos que aquello era pan, sólo pan, y nada más que pan, de la panadería de enfrente; y que el vino era sólo vino y nada más que vino, de un supermercado cercano. Y así, como gran teólogo bautista, de un plumazo arrojó a aquella supuesta madre borracha por la ventana, desestimando, y espero que sin ser consciente de lo que hacía, el significado de las palabras de nuestro Señor Jesucristo y de algunas de las declaraciones de los Santos Padres Apostólicos.

Jesucristo dijo:

> *"Porque el pan del cielo es el que baja del cielo y da la vida al mundo".*
>
> *Entonces le dijeron: "Señor, danos siempre de ese pan".*
>
> *Les dijo Jesús: "Yo soy el pan de la vida. El que venga a mí, no tendrá hambre, y el que crea en mí, no tendrá nunca sed. (Juan 6:33-36).*
>
> *Los judíos murmuraban de él porque había dicho: "Yo soy el pan que ha bajado del cielo". Y decían: "¿No es este Jesús, hijo de José, cuyo padre y madre conocemos? ¿Cómo puede decir ahora: He bajado del cielo?" (41-42).*
>
> *"En verdad, en verdad os digo: el que cree, tiene vida eterna. Yo soy el pan de vida. Vuestros padres comieron el maná en el desierto y murieron; este es el pan que baja del cielo, para que quien coma no muera.*
>
> *Yo soy el pan vivo, bajado del cielo. Si uno come de este pan, vivirá para siempre; y el pan que yo le voy a dar, es mi carne por la vida del mundo".*
>
> *Discutían entre sí los judíos y decían: "¿Cómo puede éste darnos a comer su carne?".*
>
> *Jesús les dijo: "En verdad, en verdad os digo: si no coméis la carne del Hijo del hombre, y no bebéis su sangre, no tenéis vida en vosotros.*
>
> *El que come mi carne y bebe mi sangre, tiene vida eterna, y yo le resucitaré el último día. Porque mi carne es verdadera comida y mi sangre verdadera bebida.*

75

El que come mi carne y bebe mi sangre, permanece en mí y yo en él. (47-56)

Muchos de sus discípulos al oírle, dijeron: "Es duro este lenguaje. ¿Quién puede escucharlo?

Pero sabiendo Jesús en su interior que sus discípulos murmuraban por esto, les dijo: "¿Esto os escandaliza? ¿Y cuando veáis al Hijo del hombre subir adonde estaba antes? El espíritu es el que da vida; la carne no sirve para nada. Las palabras que os he dicho son espíritu y son vida. (60-63).

Desde entonces, muchos de sus discípulos se volvieron atrás y ya no andaban con él.

Jesús dijo entonces a los Doce. "¿También vosotros queréis marcharos?"

"Le respondió Simón Pedro: "Señor, ¿donde quién vamos a ir? Tú tienes palabras de vida eterna, y nosotros creemos y sabemos que tú eres el Santo de Dios". (Juan 66-69).

Sé que ahora podrías decir que estas palabras de Cristo no demuestran nada, puesto que deben ser interpretadas. Y yo te respondo que estas palabras de Cristo demuestran todo. No obstante, responderé a tus insinuaciones.

Cuando Evelien y yo estábamos en la Escuela Bíblica, una de las cosas que nos enseñaron es que "toda doctrina en la que creyéramos debía ser probaba bíblica, teológica, e históricamente. Fuese a ocurrir que estuviésemos creyendo en algo que la iglesia nunca ha creído antes que nosotros". Y este es un principio correcto. Lo que ocurre es que el hermano protestante, aunque es sincero, suele estar sinceramente equivocado al comenzar intencionadamente a arrimar el ascua a su sardina. De esta forma tratan de probar todo lo que quieren, aunque se contradigan constantemente.

Por ejemplo, cuando hablan de que una doctrina debe ser probada históricamente, suelen comenzar a contar desde el S. XVI. Esto me recuerda a la biblioteca de un pastor muy conocido que comenzó a enseñar todos sus libros a sus seguidores, pero la mayoría eran libros de los últimos quinientos años. Y me dirán que no, que cuando leen a Calvino es como si estuvieran leyendo a los Padres de la Iglesia, pues él probaba sus doctrinas citando a muchos Padres Apostólicos. Pero nuevamente, si alguien inventara una doctrina, y después tratara de buscar citas o versículos para probarla, podría llegar a probar cualquier cosa que quisiera.

Lo que todo honesto cristiano debería preguntarse es lo siguiente. ¿Qué creyó la Iglesia por dos mil años acerca de la Eucaristía? Y seguirás insistiendo que si Calvino y Lutero creyeron algo diferente a la Iglesia católica es porque la Iglesia católica se había desviado de sus orígenes, y los reformadores vinieron a devolver a la Iglesia su estado original de pureza.

Si esta es tu teoría, creo que estarás de acuerdo conmigo, en que sería conveniente preguntarnos qué creían los Padres de la Iglesia acerca de la Eucaristía, y no solamente qué decían Calvino y Lutero sobre lo que supuestamente creían los Padres Apostólicos; ya que Lutero y Calvino, podrían errar, o lo que es peor, mentir. Y puesto que tu conciencia es sólo cautiva de la Palabra de Dios, querrás de verdad conocer si las Palabras de Cristo en San Juan 6 significan lo que realmente parece que significan, o si tienen algún significado oculto, de la línea bautista o presbiteriana.

Vayamos a las fuentes. Citaremos a continuación a algunos de los Padres de la Iglesia.

"Os reunís en una misma fe... para obedecer al obispo y al presbítero en unidad de mente, rompiendo un mismo pan que es medicina de inmortalidad, antídoto para no morir, y alimento para vivir en Jesucristo por siempre" (San Ignacio de Antioquía, 35 a 110. Padre de la Iglesia, obispo, mártir).

"El alimento Eucaristía por una oración que viene de Él –alimento con el que son alimentados nuestra sangre y nuestra carne mediante una transformación–, es precisamente, conforme a lo que hemos aprendido, la carne y la sangre de Jesús" (San Justino, 100 a 168. Padre de la Iglesia, filósofo, teólogo, mártir).

"Una vez que se pronuncia sobre él la invocación (epíklesin) de Dios, ya no es pan común, sino que es la Eucaristía" (San Ireneo de Lyon, 140 a 202. Doctor de la Iglesia).

"La mezcla de vino y agua, alimenta para la fe; lo segundo, el Espíritu, conduce a la inmortalidad. Y la mezcla de ambos, de la bebida y del Verbo, se llama Eucaristía, don laudable y excelente, que santifica en cuerpo y alma a los que lo reciben con fe" (Clemente de Alejandría, 150 a 215. Teólogo, Padre de la Iglesia).

"¿No tendrá la Palabra de Cristo poder para cambiar la naturaleza de los elementos? ... ¿Por qué buscáis el orden de la naturaleza en el Cuerpo de Cristo, viendo que el Señor Jesús mismo nació de una Virgen, no según la naturaleza? Es la verdadera Carne de Cristo que fue crucificada... Antes de la consagración tiene otro nombre, después se llama Sangre" (San Ambrosio de Milán, 340 a 397. Obispo y Padre de la Iglesia).

"Te adoro con devoción, Dios escondido, oculto verdaderamente bajo estas apariencias. A Ti se somete

mi corazón por completo, y se rinde totalmente al contemplarte. Al juzgar de ti, se equivocan la vista, el tacto, el gusto; pero basta el oído para creer con firmeza. Creo todo lo que ha dicho el Hijo de Dios: Nada es más verdadero que esta Palabra de Verdad" (Santo Tomás de Aquino. *Extracto de la Oración "Adoro te Devote").*

"Es por cierto bueno y provechoso recibir la Eucaristía cada día y participar así del Cuerpo y de la Sangre de Cristo, porque Él dice con toda claridad: el que come mi carne y bebe mi sangre tiene vida eterna. ¿Y quién puede dudar que participar frecuentemente de la vida es lo mismo que tener vida en abundancia?" (San Basilio el Grande).

"Los mártire,s al derramar su sangre por los hermanos, no hicieron sino mostrar lo que habían tomado de la mesa del Señor. Amémonos, pues, los unos a los otros, como Cristo nos amó y se entregó por nosotros" (San Agustín de Hipona).

"Así como dos pedazos de cera derretidos juntos no hacen más que uno, de igual modo el que comulga, de tal suerte está unido con Cristo, que él vive en Cristo, y Cristo en él" (San Cirilio de Jerusalén).

"La carne come y bebe del cuerpo y de la sangre de Cristo, para que el alma se sacie de Dios" (Tertuliano).

"Reconoced en el pan lo que pendió en la cruz; en al cáliz lo que manó del costado" (San Agustín de Hipona).

Me puedo imaginar lo que estarás pensando, hermano protestante. Crees que tras la muerte de los apóstoles la Iglesia se corrompió por mil quinientos años, hasta la llegada de aquellos a los que sigues. Aunque si eres honesto contigo mismo y tu conciencia, pronto te darías cuenta de que esa teoría disparatada, una de dos, o se cae por su propio peso, o por la teoría de la gravedad; o, dicho de otro modo, no se sostiene.

Y no quisiera tener que volver en este apartado a refutar la idea de la *Sola Scriptura,* pero puedo intuir que estarás pensando que la posición católica de la Eucaristía no es la de la Biblia. Y crees que no lo es, no porque la Biblia no la enseñe claramente, (cosa que ya vimos en las palabras de Cristo en el Evangelio según San Juan Cap. 6), sino porque crees como si de un oráculo de Dios se tratase, en la opinión que tenían los reformadores protestantes acerca de la Eucaristía, y de otros asuntos en los que difieren de los católicos. El problema en el que te encuentras sigue siendo el mismo: el de un laberinto sin salida.

Por un lado, dices que crees en la Sola Biblia. Por otro lado, sólo consideras verdadera la posición de los maestros de la Reforma como fieles intérpretes de la Biblia. ¿Y cómo puedes continuar creyendo en ellos, cuando ellos no se ponían de acuerdo en qué había que creer, sino que solamente creían estar seguros de que la Iglesia católica estaba equivocada? ¿No ves que hay que estar haciendo continuamente encaje de bolillos para ser protestante?

De hecho, como dio a entender un hermano protestante, aunque ecuménico, y además filósofo, calvinista y tomista, él se encuentra en una continua búsqueda, estudiando y descubriendo. No recuerdo ahora sus palabras. Y creo que es honesto, y un verdadero cristiano. Aunque el problema es siempre el mismo. Cada cual se elabora su propio credo. Uno se queda con la soteriología de Calvino, pero no con su posición sobre el bautismo de infantes; otro dice que es evangélico, aunque se identifica con santo Tomás de Aquino que era católico, y a su vez rechaza la posición de santo Tomás en cuanto a la Eucaristía, etc. Todo esto demuestra que el protestantismo es una religión fabricada por los hombres, en la que cada cual se lo guisa y se lo come según sus gustos y preferencias. De hecho, cuando yo era evangélico, fui cambiando a menudo de posición teológica, según me iba leyendo un libro u otro.

Pero como se dice, *no hay más ciego que el que no quiere ver.* Hay volúmenes escritos sólo acerca de la Sagrada Eucaristía. Y sé, por propia experiencia que no serás convencido tan sólo con la letra. Tú necesitas tu propio encuentro con Cristo Eucaristía, para que te rindas definitivamente ante Él, y dejes de estar dando vueltas en círculo. Créeme. Terminarás agotado. Y nosotros lo estábamos. Hasta que al fin hemos hallado descanso para nuestras almas, viniendo a Cristo, y recibiéndolo a menudo, en la Sagrada Comunión, en cuerpo, sangre, alma, y divinidad.

Y confieso, a modo de testimonio personal, que en pocos meses comulgando con frecuencia, y habiéndome acercado en ocasiones al Sacramento de la Penitencia, la Confesión, siento que he avanzado más en mi vida espiritual en un corto periodo de tiempo, que en más de veinte años como protestante. Y aunque es cierto que en ocasiones parecía mostrar algunos retrocesos, siento que es porque el Señor me está purificando, haciéndome así más consciente de mis pecados, y aún más de su divina misericordia, recibiendo a menudo el abrazo de Cristo, tanto en la Sagrada Eucaristía, como en el Sacramento de la Reconciliación.

Aunque si nuestro testimonio personal no os convence, volvemos a referirnos a Scott Hahn y a su esposa

Kimberly; de hecho, nos sentimos muy identificados con su historia. Nunca nos cansaremos de recomendar el libro *Roma dulce Hogar, o La Cena del Cordero. La Misa, el cielo en la tierra*. Y puesto que estamos hablando ahora sobre la Eucaristía y la Misa, me siento tentado a contaros, con palabras de Scott, cuál fue su experiencia en su primera Misa, cuando fue por curiosidad, como pastor presbiteriano.

Lo que encontré en mi primera Misa, por Scott Hahn.

"Allí estaba yo, de incógnito: un ministro protestante de paisano, deslizándome al fondo de una capilla católica de Milwaukee para presenciar mi primera Misa. Me había llevado hasta allí la curiosidad, y todavía no estaba seguro de que fuera una curiosidad sana. Estudiando los escritos de los primeros cristianos había encontrado incontables referencias a la liturgia, la Eucaristía, el sacrificio. Para aquellos primeros cristianos, la Biblia –el libro que yo amaba por encima de todo– era incomprensible si se la separaba del acontecimiento que los católicos de hoy llamaban la Misa. Quería entender a los primeros cristianos; pero no tenía ninguna experiencia de la liturgia. Así que me convencí para ir y ver, como si se tratara de un ejercicio académico, pero prometiéndome continuamente que ni me arrodillaría, ni tomaría parte en ninguna idolatría. Me senté en la penumbra, en un banco de la parte de más atrás de aquella cripta. Delante de mí había un buen número de fieles, hombres y mujeres de todas las edades. Me impresionaron sus genuflexiones y su aparente concentración en la oración. Entonces sonó una campana y todos se pusieron de pie mientras el sacerdote aparecía por

una puerta junto al altar. Inseguro de mí mismo, me quedé sentado. Como evangélico calvinista, se me había preparado durante años para creer que la Misa era el mayor sacrilegio que un hombre podría cometer. La Misa, me habían enseñado, era un ritual que pretendía 'volver a sacrificar a Jesucristo'. Así que permanecería como mero observador. Me quedaría sentado, con mi Biblia abierta junto a mí. Sin embargo, a medida que avanzaba la Misa, algo me golpeaba. La Biblia ya no estaba junto a mí. Estaba delante de mí: ¡en las palabras de la Misa! Una línea era de Isaías, otra de los Salmos, otra de Pablo. La experiencia fue sobrecogedora. Quería interrumpir en cada momento y gritar: "Eh, ¿puedo explicar en qué sitio de la Escritura sale eso? ¡Esto es fantástico!" Aún mantenía mi posición de observador. Permanecía al margen hasta que oí al sacerdote pronunciar las palabras de la consagración: "Esto es mi Cuerpo... éste es el cáliz de mi Sangre". Sentí entonces que toda mi duda se esfumaba. Mientras veía al sacerdote alzar la blanca hostia, sentí que surgía de mi corazón una plegaria como un susurro: "¡Señor mío y Dios mío. Realmente eres tú!". Desde ese momento, era lo que se podría llamar un caso perdido. No podía imaginar mayor emoción que la que habían obrado en mí esas palabras. La experiencia se intensificó un momento después, cuando oí a la comunidad recitar: "Cordero de Dios... Cordero de Dios... Cordero de Dios", y al sacerdote responder: "Este es el Cordero de Dios...", mientras levantaba la hostia. En menos de un minuto, la frase 'Cordero de Dios', había sonado cuatro veces. Con muchos años de estudio de la Biblia, sabía inmediatamente dónde me encontraba. Estaba en el libro del Apoca-

lipsis, donde a Jesús se le llama Cordero no menos de veintiocho veces en veintidós capítulos. Estaba en la fiesta de bodas que describe san Juan al final del último libro de la Biblia. Estaba ante el trono celestial, donde Jesús es aclamado eternamente como Cordero. No estaba preparado para esto, sin embargo...: ¡estaba en Misa!"

Confieso que nuestra experiencia fue parecida y, además, antes de que comenzáramos a leer a Scott Hahn. De hecho, fue después de algunas semanas asistiendo a Misa asiduamente cuando comenzamos a leer a Scott y a Kimberly, y cómo su testimonio estaba confirmando lo que poco a poco íbamos experimentando.El sábado 4 de junio del año 2022 algo me llevó a la Vigilia de Pentecostés, en la Parroquia de San Esteban. Creo que fue el Espíritu Santo. Y pude sentir la presencia de Dios en su Iglesia, mientras cantábamos una y otra vez: "Desciende Espíritu Santo, desciende fuego de Dios, y llena con tu Presencia este lugar". Entré como un visitante curioso, y terminé entonando con la Iglesia de Dios este cántico. Al día siguiente ya nos encontrábamos Evelien y yo en Misa, el domingo de Pentecostés, en la Parroquia de San Román, Mártir. No quisiera acabar este punto acerca de la Eucaristía sin contar algo más. Y es una experiencia real, inexplicable. No hablo tampoco de misticismo. Me refiero a lo siguiente...

7
Sobre la Iglesia, la Eucaristía, y la Parábola del Hijo Pródigo

Como ya dijimos antes, nosotros éramos verdaderos cristianos dentro del protestantismo, pero últimamente hemos comenzado a experimentar que a pesar de que el Señor ya hace años nos había recibido en sus brazos, perdonado y salvado por amor de su Nombre, algo nos mantenía fuera de la casa del Padre, de su Iglesia. Es cierto que siempre pertenecimos de alguna forma a alguna iglesia, a algún movimiento, o congregación. Pero una cosa es pertenecer a una iglesia, y otra es formar parte de la Iglesia, en mayúsculas. Sí, ciertamente, hace años vinimos a Cristo, a la casa del Padre, y el Señor nos perdonó. Pero no entramos plenamente a la celebración que el Señor nos había preparado. Creíamos verdaderamente en Cristo. Amábamos realmente a Cristo. Pero nos habían enseñado a desconfiar de la Iglesia católica, la Iglesia que Cristo Jesús fundó, la casa del Padre. Por lo tanto, aunque el Señor nos había bendecido con perdón, y cierto grado de gozo y paz, sentíamos una inquietud no saciada, un hambre y lugar que sólo Cristo puede satisfacer y llenar.

Leemos en la Palabra de Dios: *"Vale más un día en tus atrios que mil en mis mansiones" (Salmo 84:11)*. Creo que este versículo resume lo que tratamos de explicar. Sí, creyendo en Cristo tenemos vida eterna; pero sólo en la casa del Padre haya verdadero reposo nuestra alma. ¿Por qué habríamos de conformarnos como el hermano mayor de la parábola, escuchando la música y los cánticos desde fuera, cuando el Padre está esperándonos dentro para darnos el abrazo de bienvenida?

Se atribuye la siguiente frase al Padre Pío:

> *"Mil años de disfrutar de la gloria humana no valen ni una hora en dulce comunión con Jesús en el Santísimo Sacramento"*.

O mejor aún, volviendo a la parábola del hijo pródigo: *"Y entrando en sí mismo, dijo: "¡Cuántos jornaleros de mi padre tienen pan en abundancia, mientras que yo aquí me muero de hambre!" (Lucas, 15:17)*.

En estas palabras del hijo pródigo encontramos las respuestas a todas las preguntas. Sólo Cristo, el Pan de vida, puede saciar nuestra alma sedienta de Dios. Sólo Cristo Eucaristía se nos da plenamente, para que lo recibamos en cuerpo, sangre, alma y divinidad. Ya no como un símbolo, o un recordatorio de lo que ocurrió en la cruz del Calvario; sino que ese sacrificio, y no otro, se hace presente en cada Santa Misa, y Cristo Jesús, por lo tanto, se nos da a sí mismo, plenamente, en el sacrificio del altar.

A veces nos preguntábamos por qué las iglesias evangélicas no permanecían abiertas durante la semana para entrar y hacer oración, al igual que en la Iglesia católica. Una de las razones podría ser porque el énfasis en el protestantismo es el de la omnipresencia de Dios, que Él está en todo lugar. Y aunque no debemos desestimar esto, también es cierto que la presencia real de Cristo en la Eucaristía es de un valor infinito, y es una realidad que nuestros hermanos separados se están perdiendo, y cada vez que comulgamos, o participamos de la adoración Eucarística, debiéramos pedirle al Señor que nos hiciera más conscientes de su presencia real, trayendo consuelo a nuestras almas, y avivando nuestros corazones.

Leo en mi diario. Lunes, 29 de agosto, 2022.

"Hoy recibí a Jesucristo en el Sacramento de la Eucaristía por primera vez, en cuerpo, sangre, alma y divinidad. ¡Gloria a Dios!".

Por lo general, el mayor impedimento que tiene el hermano protestante para aceptar la fe católica, es el del prejuicio; tanto es así que, aunque se le haya demostrado un punto, muy pronto le saltará la alarma con otro, y esto no le dejará pensar, sino encerrarse aún más en su anticatolicismo, lo cual no le permitirá continuar haciéndose preguntas, ni será posible un diálogo razonable con él, hasta que la misericordia de Dios lo alcance y le abra los ojos.

Recuerdo, hablando con un hermano evangélico que, sin más, lo que me dijo fue: "Lo que yo nunca haré es rezar a María." Y otra hermana recientemente: "Lo siento. Yo no iré a esa reunión de oración en la Parroquia. Temo que si rezan un Ave María no me sentiría cómoda". Pero fijaos hasta qué punto llega el colmo de los colmos, que sí se sienten cómodos, domingo tras domingo, sentados en un duro banco de madera, escuchando a un hombre hablar durante cuarenta y cinco minutos acerca de sus interpretaciones privadas de la Biblia, pero en cambio, sus conciencias cautivas de la Palabra de Dios no les permiten escuchar el maravilloso rezo del Ave María.

No obstante, lo paradójico, es que fue precisamente mi amor a la Palabra de Dios el que me llevó a dirigirme en oración a la Virgen María por primera vez en mi vida.

8
Salve, Regina, Mater misericordiae

Leo en mi diario. Lunes, 27 de junio, 2022.

"El Señor dijo al discípulo Juan en la cruz, cuando su madre María también estaba allí: 'He aquí, tu madre'. Y desde aquella hora el discípulo la recibió en su casa. Hoy, sobre la 1:40, pedí permiso al Señor, si era conforme a su voluntad, y hablé con María conscientemente, por primera vez; y la recibí en mi casa, como el discípulo Juan".

Los que sois católicos, como ahora nosotros lo somos, os sorprendería, hasta qué punto esta era una gran dificultad para los que veníamos del protestantismo. Se nos había enseñado que, puesto que debemos adorar sólo a Dios, sólo podemos hablar con él. Y es que nuestros hermanos separados creen erróneamente que oración es sinónimo de adoración. Por ello creen que los católicos adoramos a María, lo cual sería idolatría. Pues tampoco entienden la diferencia entre adoración y veneración. Hasta el punto, que una genuflexión siempre sería idolatría si no es ante el Señor. Y como al Señor no lo vemos, esto lo hace aún más complicado.

Pero me dirijo a ti ahora, hermano evangélico, esperando que nuestros hermanos católicos también nos acompañen en este viaje, con la esperanza de que entre todos podamos ayudarte, al menos a que entiendas un poco mejor lo que creemos y por qué lo creemos, y cómo el dirigirnos a María, Madre de Dios, lejos de ser idolatría, debería ser de gozo para nuestra alma, y lo que la Iglesia practicó todos los siglos, hasta el mismo Martín Lutero.

Conozco los versículos –que citas– que crees que hablan totalmente en contra de la práctica de dirigirnos a María buscando su intercesión, o a los santos en general. Vayamos a ellos, y pronto verás, cómo tú mismo, no cumples en la práctica con lo que crees que estos textos significan.

> *"Le dice Jesús: 'Yo soy el Camino, la Verdad y la Vida. Nadie viene al Padre sino por mí' (Juan 14:6). "Porque hay un solo Dios, y también un solo mediador entre Dios y los hombres, Cristo Jesús, hombre también" (1 Timoteo 2:5).*

A lo que todos los católicos decimos amén. Es más, acabo de citar la Biblia de Jerusalén, la que estamos usando en este escrito.

Comencemos usando la lógica, según lo que crees que estos versículos dicen, y verás cómo no los cumples en la práctica. Los católicos no nos dirigimos a María en lugar de a Cristo, ni porque creamos que sólo Dios puede oírnos a través de María, o porque creamos que María puede hacer de mediadora en el lugar de Cristo en ciertas ocasiones; o porque adoremos a María. Y si este es el caso de algunos católicos, lo siento, necesitarían en ese caso más formación, como yo también la necesito diariamente.

Todo católico debe dirigirse a Dios Padre, por medio de Cristo, y bajo la guía del Espíritu Santo. Ahora bien, hermano evangélico, a pesar de que crees que la oración va dirigida sólo a Dios por medio de Cristo, estás muy acostumbrado a pedir también oración a tus hermanos por diferentes asuntos. Y ellos, igualmente, se dirigirán a Dios por medio de Cristo, para rezar por ti. Esto es lo que nosotros los católicos también hacemos. Sólo que nuestra fe, aun yendo en esta misma línea, va más allá, puesto que es la fe de la Iglesia, lo que la Iglesia ha creído y practicado a lo largo de todos los siglos, lo que llamamos, como citamos en el Credo Apostólico, "Creo en la Comunión de los Santos".

Tú crees que puedes pedir oración sólo a los que están vivos aquí en la tierra, para que oren por ti a Dios, y sólo por medio de Cristo. Pues bien, nosotros creemos que podemos pedir oración también a los santos en el cielo que, por cierto, están más vivos que los de la tierra, y especialmente a nuestra Madre, la Virgen María. Pero ellos siempre, incluso la Virgen María, se dirigen a Dios por medio de Cristo, quien es el único mediador entre Dios y los hombres. De hecho, si los santos en la tierra pueden orar por ti, es solamente porque lo hacen a Dios por medio de Cristo. Y si la Virgen María o lo santos en el cielo, pueden interceder por nosotros, es solamente porque pueden hacerlo también por medio de Cristo.

Así que, hermano evangélico, lo que practicamos en la oración es exactamente igual, sólo que nosotros tenemos un abanico más amplio de intercesores. Tú sueles coger el teléfono y llamar a tu madre: "Mamá, ¿quieres orar por mí mañana que tengo este examen, o esta operación en el quirófano?". Yo no necesito descolgar el teléfono ni enviar un WhatsApp. Es mucho más fácil.

Santa María, Madre de Dios, ruega por nosotros, pecadores...

¿Y de qué forma Martín Lutero terminó su comentario sobre el Magníficat?

"Dejemos esto aquí por el momento, y pidamos a Dios que no se contenta con iluminar y hablar, sino que se inflame y viva en el cuerpo y en el alma. Que Cristo nos lo conceda por la intercesión y la voluntad de su querida madre María. Amén".

"Ah", dirás, "pero esto lo escribió Lutero antes de hacerse luterano. Es decir, lo escribió cuando era aún católico". No, amigo. Este comentario famoso de Lutero sobre el *Magníficat* es del 1520-1521, unos cuatro años después de que Lutero se hiciera luterano.

"Bueno", alguno dirá, *"entonces es porque Lutero necesitaría después a Calvino para que le explicara las razones por las que los luteranos debían hacerse calvinistas".* Aunque resulta, ya seas bautista o presbiteriano, que ni siquiera los calvinistas son hoy fieles a las enseñanzas de Calvino sobre la Virgen María. Además, Lutero no creía necesitar a Calvino, ni a nadie más, ya que "su conciencia era cautiva sólo de la Palabra de Dios".

Pero bueno, ya que admiras tanto a Calvino, veamos cuán calvinista era Juan Calvino...

Citaré un párrafo entero acerca de Calvino y su creencia sobre la Virgen María.

"Calvino se pronunció frecuentemente en defensa de la virginidad de María, refuta al igual que san Jerónimo más de un milenio atrás, el argumento de que Mateo 1:21 implica que José tuvo relaciones con María, y también refuta el trillado argumento protestante que trata de insinuar que, porque Jesús es llamado primogénito, María tuvo otros hijos".

Juan Calvino. JCO 45, 70; cf. JCO 46, 271-272

"A partir de Mateo 1:21, Elvidio creó mucha confusión en la Iglesia, porque de él dedujo que María había permanecido virgen únicamente hasta el primer na*cimiento y después tuvo otros hijos con su marido. La perpetua virginidad de María fue defendida vigorosamente por Jerónimo. Es suficiente decir que es insensato y falso deducir de estas palabras qué sucedió después del evangelio de Cristo. Es llamado el primogénito no por otra razón sino para que sepamos que él nació de la Virgen. En este texto se niega que José hubiera tenido concurso marital con María antes de nacer el niño; todo está limitado a este tiempo. Pero nada se dice de lo que sucedió después". "Es indudable que el profeta habla de una auténtica virgen, que ha de concebir no según las normas de la naturaleza, sino a través de la actuación de gracia del Espíritu Santo. Este es el misterio, que Pablo magníficamente ensalza: "Dios ha aparecido en la carne".*

Juan Calvino, JCO 45, 30

"*Cuando María supo que de ella nacería el Hijo de Dios, recibió un mensaje inaudito, y esta fue la razón por la que excluyó la relación sexual con un hombre. Por eso exclamó desconcertada: "¿Cómo sucederá esto?" ...No era ésta una pregunta contra la fe. La hizo movida por la admiración; no con la desconfianza".*

Juan Calvino. JCO 45,426

"No es este el hijo del carpintero? (Mateo 13,55) Por designio admirable de Dios vivió Cristo hasta los treinta años en lo oculto de la casa de sus padres. Esto fue extraña e injustamente motivo de tropiezo para que la gente de Nazaret, en lugar de conocerlo con temor como enviado del cielo. ¡Si hubieran descubierto que era Dios el que actuaba en Cristo! Pero intencionalmente ellos pensaban en José, en María, y en todos los parientes y sus relaciones entre ellos, para ocultar la luz que se manifestaba. Como "hermanos" eran designados –según la costumbre judía– sobre todo los parientes de sangre. Pero de ello dedujo ignorantemente Elvidio que María había tenido más hijos, porque alguna vez habla de "hermanos de Cristo".

"Calvino tenía un respeto genuino por la Virgen María y la veía como un modelo de fe. *"Hasta el día de hoy no podemos disfrutar de la bendición que nos trae Cristo sin pensar al mismo tiempo en lo que Dios dio como adorno y honor a María, deseando que sea madre de su Hijo unigénito".* El respeto genuino por María en los escritos de Calvino y su intento de expresar sus convicciones marianas a los fieles de su época en sus explicaciones de las epístolas no es completamente conocido ni compartido por los protestantes reformados después de Juan Calvino".

Y puedo incluso imaginar que insistirás pensando que los reformadores protestantes habían heredado estos errores acerca de la Virgen María, errores que poco a poco fueron adquiriendo los católicos con el paso de los siglos, pero que, en un principio, antes de su desviación, la Iglesia católica creía como ahora creen los evangélicos acerca de María.

Como se puede ver, existe todo tipo de teorías protestantes rocambolescas para defender lo indefendible. Pero ya que es tal la insistencia de ellos, con tal de no creer lo que la Iglesia que Cristo fundó enseña, daremos al menos algunos ejemplos de lo que creía la Iglesia primitiva acerca de la Santísima Virgen María.

Uno de los mayores cinismos del protestantismo es el de la absurda insistencia de que ellos hace unos quinientos años recuperaron de la patrística todo lo que la Iglesia católica fue olvidando con el paso de los siglos, hasta que un monje alemán, después de tomar varias cervezas, lo tuvo todo claro, tras desempolvar algunos libros de san Agustín, y encontrar allí lo que nadie había visto antes que él. O el mismo Calvino en Ginebra, que sin hacer uso de la cerveza llegó a conclusiones parecidas, tan sólo porque había sido predestinado a desempolvar todos aquellos libros de los Santos Padres Apostólicos y a interpretarlos según su conciencia, también cautiva de la Palabra de Dios, pero llegando a conclusiones diferentes a las de Lutero; aunque eso sí, poniéndose de acuerdo con él al menos, en que la Iglesia católica estaba equivocada, tras descubrir que el mismo san Agustín nunca fue católico, sino un protestante encubierto mil años antes de que el protestantismo naciera. Es decir, que incluso aquel monje alemán pudo hacer un viaje en el tiempo, tipo novela de J.J. Benítez, o la mismísima *Regreso al Futuro*. Pero nada está más lejos de la realidad: san Agustín era católico, Lutero era luterano, Calvino era calvinista.

Así que veamos a continuación si san Agustín era evangélico en cuanto a la Virgen María, luterano, calvinista, o católico.

> *"Virgen al concebir, virgen al dar a luz, virgen con el niño, virgen y madre, virgen para siempre. ¿Por qué te admiras de esto, oh hombre? Dios tenía que nacer de esta manera cuando se dignó hacerse hombre" (Serm. 186, 1).*

En los escritos del obispo de Hipona aparece ya la idea de la predestinación de María. El Magisterio reciente, en la bula *Munificentissimus Deus* de Pío XII, dice que María ha sido elegida en el mismo momento que Dios decidió la encarnación del Verbo. En el siglo V san Agustín dice: *"Antes de que ella naciera, la conoce como madre en su predestinación. Antes que él, como Dios, diese el ser a aquella de la que Él la había de recibir como hombre, ya la conoce como Madre" (Tranc. In Iohanem 8,9). "Él eligió a la Madre que ha creado, Él creó a la Madre que había elegido" (Serm 69,3).*

María aceptó libremente el plan de Dios y concibió por la fe al Hijo de Dios en su corazón antes de formarlo en sus entrañas. Ella es también Madre de la Iglesia porque ha cooperado al nacimiento de todo el cuerpo místico de Cristo: *"Por tanto, solo esta mujer, no solo en su espíritu sino también en su cuerpo, es virgen y madre. Es madre en el espíritu, pero no de nuestra Cabeza, el mismo Salvador, porque Ella nació espiritualmente de Él (...) Sino que ella es claramente Madre de los miembros; es decir, de nosotros, porque Ella cooperó con su caridad, para que los fieles cristianos, miembros de la Cabeza, nacieran en la Iglesia" (De sancta virginitae, 6).*

"Celebramos, pues con gozo el día en que María dio a luz al Salvador; la casada, al creador del matrimonio; la virgen, al príncipe de las vírgenes; ella virgen antes del matrimonio, virgen en el matrimonio, virgen durante el embarazo, virgen cuando amamantaba. En efecto, de ningún modo quitó, al nacer, el Hijo todopoderoso la virginidad de su santa Madre, elegida por Él. Buena es la fecundidad en el matrimonio, pero es mejor la virginidad consagrada".

Podríamos continuar citando a san Agustín y a otros Santos Padres, pero sería interminable. El que desee seguir creyendo que en la Patrística encontrará bases sólidas para el protestantismo puede seguir soñando si bien lo desea, pero será eso, tan sólo un sueño; un sueño transformado a menudo en pesadilla, porque una de las esencias del protestantismo, como venimos viendo, es la del cisma continuo y la de tantas interpretaciones contradictorias.

Nosotros nos quedamos en la Santa Madre Iglesia, y teniendo también a la Santísima Virgen María, por Madre, Madre de Dios, y Madre nuestra.

Pero ciertamente, para los que venimos del calvinismo, que tanto apelaba al intelecto, aún nos cuesta experimentar muchas de las cosas que, aunque ya sí las creemos como católicos, han de ir bajando a nuestro corazón e ir calentándolo poco a poco o, dicho de otra forma, necesitamos también el calor del abrazo de nuestra Madre.

Como escribió san Juan Pablo II en *Redemptoris Mater*:

Ahí tienes a tu madre [...] el Evangelio de Juan [...] ninguno puede percibir el significado si antes no ha posado la cabeza sobre el pecho de Jesús y no ha recibido de Jesús a María como Madre".

Antes de dirigir unas últimas palabras a nuestros hermanos católicos, finalizamos de forma similar a la que lo hizo Martín Lutero, concluyendo su comentario al Magníficat, pidiendo la intercesión de la Virgen María.

Dios te salve, Reina y Madre de misericordia, vida, dulzura y esperanza nuestra; Dios te salve. A ti llamamos los desterrados hijos de Eva; a ti suspiramos, gimiendo y llorando en este valle de lágrimas. Ea, pues, Señora, abogada nuestra, vuelve a nosotros esos tus ojos misericordiosos; y después de este destierro, muéstranos a Jesús, fruto bendito de tu vientre. ¡Oh, clementísima, oh piadosa, oh dulce Virgen María! Ruega por nosotros, Santa Madre de Dios, para que seamos dignos de alcanzar las promesas de nuestro Señor Jesucristo. Amén

9
A nuestros hermanos y amigos católicos

Al fin en casa. Un descanso ansiado y necesario después de tantos años de cristianismo protestante, y de un proceso posterior de más de dos años de incertidumbre, de dudas y temores, de noche oscura del alma. Pero al fin, en casa. ¿Nos dormiremos ahora? ¿Fue el ser recibidos en la plena comunión de la Iglesia católica el fin del viaje, o el principio del verdadero servicio cristiano? Confesamos que nuestro grado de agotamiento después de tantos años inmersos en la labor misionera, lecturas interminables, y en un apostolado de obra evangelizadora tan intenso, requiere de un descanso, ya no tanto merecido, pero sí necesario. Pero, ¡ah! el alma ociosa se desgasta más que la que día y noche trabaja por el Reino de Dios y su justicia; porque al ocioso, el demonio le da alguna tarea o distracción. Dios nos libre. Por ello, mientras escribo leo, entre otras obras, *El Combate espiritual* de Lorenzo Scupoli. Me recuerda a una de las mejores obras que leí jamás de uno de los grandes puritanos, William Gurnall, *El cristiano con toda la armadura de Dios*. La ventaja de leer a Lorenzo Scupoli, es que está más en sintonía con la doctrina oficial de la Iglesia, el depósito de la fe; y, además, cada uno de los sesenta y seis capítulos de la obra, va al grano, y resume lo que quiere decir, sin dar tantas vueltas al trompo, como hacían los puritanos.

Así que, puesto que no queremos que el enemigo de nuestras almas nos halle ociosos, y más aún, para la gloria de Dios, hemos querido dedicar algún tiempo a dejar por escrito nuestro testimonio de conversión a la fe católica. Deseamos también manifestar que este escrito, más que una enseñanza por parte de nosotros, es una expresión del profundo anhelo que tenemos de aprender, de ir formándonos, de ser discípulos, y de sumergirnos en los tesoros escondidos que se encuentran en la Santa Madre Iglesia. Y es que no exageró Scott Hahn al decir que la Misa es el cielo en la tierra; al menos, un anticipo del cielo.

Confesamos, –creo que ya lo hicimos anteriormente– que lo que más nos cuesta a los nuevos conversos al catolicismo y que veníamos del calvinismo, es el experimentar más plenamente todas aquellas cosas que la Iglesia cree y proclama como revelación divina, pero que antes no se encontraban en nuestro credo protestante. Por supuesto, creíamos en la Trinidad, que Cristo murió por nuestros pecados. Orábamos a Dios y aún lo hacemos, por medio de Cristo, y bajo la guía del Espíritu Santo, etc.

Pero hay muchos dogmas, prácticas, y devociones que para nosotros son novedosas, y que poco a poco deben ir bajando al corazón, y no quedarse tan sólo en la mente. Así que agradecemos vuestras oraciones por nosotros, para que vayamos creciendo en este entendimiento experimental de aquellas cosas que creemos que Dios nos ha dejado para el bien de nuestra alma, pero que antes nunca habíamos creído ni experimentado en nuestra etapa como cristianos reformados.

Podríamos poner el ejemplo de la devoción a nuestra Madre del Cielo, la Santísima Virgen María, la intercesión de los santos, las peregrinaciones (aunque sí es cierto que nos gusta mucho el turismo, pero hay que comenzar a añadir el aspecto de la peregrinación y su importancia), las indulgencias, el purgatorio, la confesión, la adoración eucarística, los jubileos, los ayunos, el no comer carne el viernes santo, el agua bendita, las genuflexiones, y un sinfín de cosas que para vosotros, queridos hermanos católicos, son totalmente normales; pero en cambio, nosotros, nos sentimos aún más pequeños que niños que acaban de hacer la primera comunión. Al menos ellos llevaban ya unos nueve años alrededor de estas cosas. Pero nosotros, unos dos años, y reconociendo que nuestro proceso de conversión ha sido muy intenso, y lleno de pruebas.

Hay un apostolado de ex protestantes, católicos conversos en Estados Unidos que se llama Coming Home Network, y hablando recientemente con uno de los responsables de esta obra, nos decía que, aunque ya estamos en casa, ahora nos queda el siguiente paso, sentirnos como en casa. Y aunque creemos que hemos avanzado un poco, en comparación con hace dos años, entendemos que el proceso durará toda la vida, y que debemos ir asentándonos cada vez más, hasta poder experimentar de forma más plena aquellas cosas que ya sabemos y creemos.

Lo preguntamos también a vosotros, amigos y hermanos: ¿Realmente somos tan conscientes como deberíamos que comulgar es mucho más que un memorial, y lo que significa recibir verdaderamente a Cristo en Cuerpo, Sangre, Alma y Divinidad? Sí, podemos creerlo, y nos acercamos al Santísimo Sacramento. ¿Somos conscientes plenamente, vivimos y experimentamos tanto como debiéramos este Sacramento tan sublime, que es la cumbre de la devoción y la adoración cristiana? Si somos sinceros, todos deberíamos contestar que no. Al menos, no somos tan conscientes como deberíamos de tan sublime privilegio. No obstante, creo que Dios ve nuestro corazón y sabe, al menos, si quisiéramos experimentarlo tanto como debiéramos, y en este caso la respuesta del verdadero cristiano católico, debería ser que sí. Que este sea siempre nuestro anhelo, el del Apóstol Pablo.

"No que lo tenga ya conseguido o que sea ya perfecto, sino que continuo mi carrera por si consigo alcanzarlo, habiendo sido yo mismo alcanzado por Cristo Jesús. Yo, hermanos, no creo haberlo alcanzado todavía. Pero una cosa hago: olvido lo que dejé atrás, y me lanzo a lo que está por delante, corriendo hacia la meta, para alcanzar el premio a que Dios me llama desde lo alto en Cristo Jesús" *(Filipenses 3:12-14).*

10
¿Por qué ser recibidos en la Iglesia católica, fue para nosotros un *Regreso a Casa*?

Porque Jesucristo dice:

> *"Yo soy el Camino, la Verdad, y la Vida. Nadie viene al Padre sino por mí" (Juan 14:6).*

Porque leemos en la Palabra de Dios:

> *"En ningún otro hay salvación; porque no hay otro nombre bajo el cielo, dado a los hombres, en que podamos ser salvos" (Hechos 4:12).*

Y también leemos:

> *"Pues todo el que invoque el nombre del Señor se salvará. Pero, ¿cómo invocarán a aquel en quien no han creído? ¿Cómo creerán en aquel a quien no han oído? ¿Cómo oirán sin que se les predique? Y ¿cómo predicarán si no son enviados? Como dice la Escritura: ¡Cuán hermosos los pies de los que anuncian el bien!" (Romanos 10:13-15).*

Lo cual significa que, si nosotros hoy somos cristianos, es porque Dios se reveló a nosotros por medio de la predicación del evangelio; y si además somos católicos, es porque podemos estar seguros de que ese mensaje es verdadero, pues fue Cristo mismo quien instituyó su Iglesia, comunicándole la verdad del evangelio, para que ésta pueda a su vez proclamarlo fielmente y con autoridad a todas las generaciones.

Como escribió san Agustín:

> *Yo, en verdad, no creería en el Evangelio si no me impulsase a ello la autoridad de la Iglesia católica"* (réplica a la carta de Manés 5).

Sé que muchos podrían continuar diciendo, que sólo Cristo es la verdad, y siempre responderemos que, precisamente por ello, debemos aspirar a creer en la plenitud de la misma, siendo así receptores de todas aquellas gracias de las que el Señor se propuso hacernos partícipes desde antes de la fundación del mundo, y que son administradas en el seno de la Santa Madre Iglesia, quien nos acompaña desde el bautismo, durante todo nuestro peregrinar en este mundo, hasta el último suspiro, cuando al fin, tras nuestra purificación final, veremos a Cristo cara a cara.

> Pues leemos en la Palabra de Dios: *"Para que sepas cómo hay que portarse en la casa de Dios, que es la Iglesia de Dios vivo, columna y fundamento de la verdad"* (1 Timoteo 3:15).

> *"Nos hiciste, Señor, para Ti, y nuestro corazón está inquieto, hasta que descanse en ti" (San Agustín).*

"Venid a mí todos los que estáis cansados y ago-biados, y yo os aliviaré. Tomad mi yugo sobre vosotros y aprended de mí, que soy manso y humilde de corazón, y encontraréis descanso para vuestras almas. Porque mi yugo es llevadero y mi carga ligera" *(Mateo 11,28-30).*

**Con amor en Cristo,
Sergio y Evelien**